中國外資銀行
跨境業務

涉外授信・跨境擔保・上海自貿區

富蘭德林證券股份有限公司◎著

導讀

　　《中國外資銀行跨境業務》專為兩類讀者量身設計，一是在中國的外資銀行及相關金融從業人員，探討如何利用中國官方全新人民幣跨境政策，提升外資銀行在中國的業務競爭力；其次則是針對在中國已有投資的外商，其中負責融資或資金調度的財務主管，如何藉由本書理解外資銀行利用人民幣跨境新規，達到為企業資金進出中國靈活又合法途徑的目的。

　　富蘭德林以本身具備律師、會計師、證券公司牌照的特殊優勢，及為數十家台資銀行提供涉及中國外匯、法律、財稅服務的紮實經驗，以實務角度，從「涉外授信、跨境擔保、上海自貿區」三大議題切入外資銀行在中國的跨境業務問題，並以「法律實務、跨境擔保、外匯、上海自貿區、銀行會計與稅務」五個章節一百篇專題貫穿本書，協助讀者打開全新的視野，重新思考外資銀行與外商在這波人民幣跨境開放及資本項下逐步解除管制的浪潮中，進行正確的定位。

　　人民幣國際化已是不可阻擋的趨勢，境內外自由流通的人民幣更是大勢所趨，如何掌握跨境業務，提升跨境業務的效益，將是決定外資銀行在中國市場競爭力的核心關鍵。

富蘭德林證券董事長

（附件）

讀者服務　www.myChinabusiness.com

本書的讀者，可以在富蘭德林官網www.mychinabusiness.com進行關鍵字檢索，很快就能判斷出所要尋找主題位於哪些章節段落。另外也可登錄您的Email，即可收到最新法規條文更新後的內容解析。

一、網站首頁

進入富蘭德林官網後，請點選右上方「讀者服務」選項。

二、讀者服務頁面

進入「讀者服務」頁面後，即可使用：
- 關鍵字查詢
- 查詢本書內容更新
- 訂閱最新法規條文更新內容

《中國外資銀行跨境業務》
- 關鍵字查詢：[　　　　] 搜尋
- 查詢本書內容更新
- 訂閱最新法規條文更新內容

三、關鍵字與內容更新查詢

1. 輸入關鍵字之後，即可搜尋出所要尋找主題位於哪些章節段落與頁碼。
2. 點選「查詢本書內容更新」，即出現更新內容列表。

序號	篇名	頁碼
1	兩岸訴訟時效的比較分析 (更新內容)	31
2	跨境擔保外匯新規解析 (更新內容)	58
3	利用大陸資產擔保，實現境外貿易融資 (更新內容)	90
4	外商投資企業資本金帳戶開立規定 (更新內容)	108

四、訂閱最新法規條文更新內容

點選「訂閱最新法規條文更新內容」，登錄您的Email，即可收到最新法規條文更新後的內容解析。

請輸入您的Email：[　　　　　　　] 訂閱

目次

| 第一篇 |

法律實務

【1】中國銀行貸款資金用途限制及與臺灣的比較

中國相關法律對於貸款資金用途做了明確的限制，分述如下。

《商業銀行法》規定，貸前要對借款人的借款用途進行嚴格審核，訂立借款合同時要明確「借款用途」。在受理借款人申請時，要嚴格審核「借款用途」是否符合銀行的信貸政策和國家產業政策，貸後要追蹤信貸資金的使用情況，重點關注是否按照合同約定用途使用貸款。

《貸款通則》規定，借款人必須按借款合同約定用途使用貸款，並且貸款不能用於證券、期貨、股權投資及房地產開發，以及套取貸款牟取非法收入等政策明令禁止的用途。

《個人貸款管理辦法》規定，個人貸款用途應符合法律法規規定和國家有關政策，貸款人不得發放無指定用途的個人貸款。

《流動資金貸款管理暫行辦法》規定，流動資金貸款不得用於固定資產、股權等投資，不得用於國家禁止生產、經營的領域和用途。

《固定資產貸款管理暫行辦法》規定，固定資產貸款用於借款人固定資產投資。貸款人應與借款人約定明確、合法的貸款用途，並按照約定檢查、監督貸款的使用情況，防止貸款被挪用。

為了防止借款人將貸款用於法律禁止或將貸款挪做他用，貸款機構對於借款人貸款用途的監管控制形式包括：

1. **貸前風險評價與審批**：例如對包括貸款用途在內的貸款申請進行全面審查；審查借款合同中貸款用途的約定；要求借款人提供合同書之類的相關貸款用途證明等。

2. **貸中審核**：例如要求借款人提供專款專用的發票，或使用委託支付的方式追蹤貸款資金使用流向。

3. **貸後管理**：例如通過定期檢查、帳戶分析等方式，核查貸款支付用途等。

4. **責任追究**：對於借款人違反貸款用途限制性規定或將貸款挪做他用，貸款人可加收利息，情節嚴重的，可停止支付尚未使用的貸款，並提前收回部分或全部貸款。

雖然臺灣的借款契約也會對貸款用途進行約定，但法令規定並無銀行貸款不得用於證券、期貨、股權投資、房地產、轉借等方面的用途限制，對於貸款用途的監管也沒有過多法令規定要求，銀行通常也不會自行要求對貸款資金去向逐筆審核或檢查，只是在借款契約中保留了「借款人願隨時接受銀行對授信用途之監督、業務財務之稽核、擔保品之檢查、監管及有關帳簿、報表（包括關係企業之綜合財務報表）、單據、文件之查詢」之權利。若借款人將貸款資金實際用於與借款契約約定不一致的地方，此時銀行依借款契約得在合理期間通知或催告後，隨時終止或減少對借款人之授信額度或縮短授信期限，或視為全部到期。但實務中，銀行通常不會因此就終止或減少借款人的授信額度、縮短授信期限或視為借款到期，除非貸款資金用途違約之情形確實已影響到銀行貸款資金的安全收回，銀行才有可能採取收貸的措施。

【2】中國銀行貸款常用支付方式及與臺灣的比較

　　中國銀監會於2009年7月和2010年2月分別發布了《流動資金貸款管理暫行辦法》、《個人貸款管理暫行辦法》、《固定資產貸款管理暫行辦法》和《項目融資業務指引》，統稱「三個辦法一個指引」，初步構建和完善中國銀行業金融機構的貸款業務法規框架，建立了貸款合同的支付管理制度。

　　「三個辦法一個指引」明確規定，通過貸款人受託支付和借款人自主支付兩種方式，對貸款資金的支付進行管理與控制。貸款人受託支付，是指貸款人根據借款人的提款申請和支付委託，將貸款通過借款人帳戶支付給符合合同約定用途的借款人交易對象。採用貸款人受託支付的，貸款人將根據約定的貸款用途，審核借款人提供的支付申請所列支付對象、支付金額等信息，是否與相應的商務合同等證明資料相符。審核同意後，貸款人將貸款資金通過借款人帳戶支付給借款人交易對象。借款人自主支付，是指貸款人根據借款人的提款申請，將貸款資金發放至借款人帳戶後，由借款人自主支付給符合合同約定用途的借款人交易對象。借款人自主支付時，貸款人仍會要求借款人定期匯總報告貸款資金支付情況，並通過帳戶分析、憑證查驗或現場調查等方式，核查貸款支付是否符合約定用途。

　　相對於借款人自主支付，貸款人受託支付更加側重於對貸款用途的事前控制，可以有效控制資金流向，杜絕貸款被挪用的可能，同時能有效降低貸款風險和成本。大陸對於支付方式的選擇也給予了指導性規定，例如固定資產貸款中，單筆金額超過項目總投資5％或超過500萬元人民幣的貸款資金支付，應採用貸款人受託支付方式；流動資產貸款中，原則上採用受託支付方式；個人貸款採用了例外情形下的受託支付標準。

中國貸款資金的支付管理，是一個從貸款申請時起到收回時止的全過程管理。「三個辦法一個指引」以大量法規條文對貸款的支付管理做了相關規定，包括：事前審核借款人借款申請，確定支付方式，並將支付條款做為借款合同的構成要件之一；事中對借款人相關帳戶實施有效監控，以加強貸款支付管理；事後評價，確認支付方式是否違反合同約定，如有違約行為，及時採取有效救濟措施。

在臺灣，則沒有對貸款的支付方式做出特別要求，通常情況下，臺灣的銀行在借款契約中對於貸款的動用會約定如下：動用本授信時，應由借款人向銀行提出銀行認可之申請書及各相關文件，於銀行同意後始得動用，每筆授信期間依申請書之記載為準；各項申請書、文件等均視為本契約之一部分，與本契約具同等效力；本授信之借款由銀行撥入借款人與銀行往來帳戶，或撥付銀行指定用途，即視為收到借款。

在臺灣，借款由銀行撥入借款人與銀行的往來帳戶，由借款人自行使用，銀行一般情況下不會再對借款資金去向逐筆審核或檢查，但借款契約通常仍會約定：借款人願隨時接受銀行對授信用途之監督、業務財務之稽核、擔保品之檢查、監管，及有關帳簿、報表（包括關係企業之綜合財務報表）、單據、文件之查詢。借款人對銀行所負債務，若其實際資金用途與銀行核定用途不符時，借款人對銀行所負一切債務，經銀行以合理期間通知或催告後，銀行得隨時終止或減少對借款人之授信額度或縮短授信期限，或視為全部到期。

【3】中國企業為他人擔保效力分析及與臺灣的比較

中國《公司法》第16條規定：「公司向其他企業投資或者為他人提供擔保，依照公司章程的規定，由董事會或者股東會、股東大會決議；公司章程對投資或者擔保的總額及單項投資或者擔保的數額有限額規定的，不得超過規定的限額。公司為公司股東或者實際控制人提供擔保的，必須經股東會或者股東大會決議。前款規定的股東或者受前款規定的實際控制人支配的股東，不得參加前款規定事項的表決。該項表決由出席會議的其他股東所持表決權的過半數通過。」

但中國很多公司並未在章程中對「為他人提供擔保」一事進行規定，章程中未規定的，公司可以依法為他人提供擔保；反之，如果公司章程對「為他人提供擔保」一事有規定，則應遵守章程。

另外，上市公司對外擔保還須符合《上海證券交易所上市公司內部控制指引》、《深圳證券交易所主機板上市公司規範運作指引》、《深圳證券交易所中小企業板上市公司規範運作指引》等上市公司規範及該上市公司的章程。

對於《公司法》第16條是管理性規範還是效力性規範問題，理論界仍有很多不同聲音，目前比較傾向的是做為管理性規範。所謂管理性規範指的是，即使違反《公司法》第16條為他人擔保，也並不一定導致對外擔保效力無效，意即公司章程對債權人不具有直接約束力，但這並不意味著沒有任何影響力，因為《合同法》第49條與第50條關於「表見代理」與「表見代表」規則適用於所有合同，擔保合同亦不能例外。公司對外擔保行為畢竟不是日常經營行為，債權人應當予以更大的注意義務，即需要有足夠的理由相信與其簽署擔保合同的相對人有代理權或者代表權。法律要求債權人必須意識到，接受公司擔保與一般貨物交易存在重要差別，須審查相對人的許可權是否足

夠。因此，銀行應堅持以往在接受擔保時審查擔保者公司章程、公司決議的操作慣例。

臺灣的《公司法》在1966年修訂以前的第23條規定：「公司除依其他法律或公司章程以保證為業務者外，不得為任何保證人。」在1966年修訂以後，移列為第16條第1款規定：「公司除依其他法律或公司章程規定得為保證者外，不得為任何保證人。」並增訂第2款規定：「公司負責人違反前項規定時，應自負保證責任，併科四千元以下罰金，如公司受有損害時，亦應負責賠償責任。」（註：2001年臺灣修訂《公司法》第16條第2款規定：「公司負責人違反前項定時，應自負保證責任，如公司受有損害時，亦應負責賠償責任。」將公司負責人的刑事責任予以除罪化。）

臺灣1966年修正《公司法》前，其實務及學術界都將該款規定理解為對公司權利能力的限制，但在1966年該條增加了第2款後，則學說有謂：「應將公司法第16條第1款之規定解為訓示規定，而非向來所認為的其係效力規定，且其並非有關公司權利能力限制的規定，從而在公司違反公司法第16條第1款之規定時，其與他人所締結之保證契約仍為有效，公司成為該保證契約的當事人，為契約關係的主體。」但在臺灣司法實務的目前判解，仍認為公司負責人違反《公司法》第16條第1款規定以公司為他人保證〔兼及提供「票據保證」（臺灣最高法院43年臺上字第83號判例）、「承受保證契約」為保證人（臺灣最高法院69年臺上字第1676號判例）、提供擔保物之「物保」（臺灣最高法院74年臺上字第703號判例）〕，該保證行為對於公司無效，依《公司法》第16條第2款規定，應由公司負責人自負保證責任。

【4】如何理解中國的保證期間及臺灣相關規定

保證期間，就是指保證合同當事人的約定或依法律推定在主債務履行期屆滿後，保證人能夠容許債權人主張權利的最長期限。保證期間屆滿，構成債權人請求保證人承擔保證責任的擔保權利消滅的法律後果。在保證期間中，債權人應當向債務人提起訴訟或仲裁（在一般保證中），或向保證人（在連帶保證中）主張權利。逾此期限，債權人未提起上述主張的，保證人則不承擔保證責任。保證期間通過當事人約定，將債權人的權利主張限定在一定的期限內，增強了債權人及時行使權利的緊迫感，保證人可避免長期處於可能承擔債務的不利狀態，不會因債權人怠於行使權利而增加保證人的風險。

保證期間因其產生方式不同，可分為約定期間，催告期間和法律推定期間三種。

1. **約定保證期間**：是指當事人的保證合同中明確約定的保證期間。中國《擔保法》允許債權人和保證人之間約定保證期間。臺灣《民法》第752條規定：「約定保證人僅於一定期間內為保證者，如債權人於期間內，對於保證人不為審判上之請求，保證人免其責任。」因此，臺灣也允許約定保證期間。

2. **法律推定保證期間**：是指當事人在保證合同中沒有約定保證期間，或約定不明確，或約定無效的情況下，根據法律任意性規範加以補正，即依法律規定以主債務履行期屆滿後的一定時期為保證期間。例如中國《擔保法》第25、26條規定，法律推定保證期間為6個月，始於主債務履行期屆滿，止於6個月屆滿之日。臺灣對於沒有約定保證期間的，均屬「未定期保證」而賦予保證人以催告權，以及特殊情況下的保證責任除去權。

3. **催告保證期間**：是指保證合同當事人沒有約定保證期間，或

有約定但約定不明確或無效的情況下，在主債務履行期屆滿後，保證人催告債權人對主債務人行使訴訟上的權利的合理期限。臺灣《民法》第753條第1款規定：「保證未定有期間者，保證人於主債務清償期屆滿後，得定一個月以上之相當期限，催告債權人於期限內，向主債務人為審判上之請求。」第2款規定：「債權人不於前項期限內向主債務人為審判上之請求者，保證人免其責任。」此所謂「債權人向主債務人為審判上之請求」，參照臺灣最高法院21年上字第2835號判例，包括債權人聲請法院拍賣抵押物的情形。

　　上述臺灣《民法》關於保證期間的兩條規定中，引起保證責任消滅的事由是不同的，在保證約定期間的「定期保證」情況下，須債權人於保證期間內向保證人為審判上請求；而在保證未定期間的「未定期保證」時，為債權人於保證人催告的期限內向主債務人為審判上請求；兩者債權人的請求對象不同，應加以注意。

【5】中國的土地抵押與臺灣的主要差異

中國的土地為國家或集體所有，現行法律只允許對土地使用權進行抵押。另外，中國大陸將土地分為農用地、建設用地和未利用地，通常可用於抵押的土地使用權，為建設用地使用權。且依規定，以建築物抵押的，該建築物占用範圍內的建設用地使用權一併抵押；以建設用地使用權抵押的，該土地上的建築物一併抵押。土地使用權抵押登記部門，為當地的國土資源管理部門，與建築物一起抵押的，抵押登記部門通常為當地的房地產交易中心，但有部分地方仍保留土地和房屋分別至國土資源管理部門與房屋管理部門辦理抵押登記的狀況。

另外，以不同方式取得的土地使用權，其辦理抵押及今後行使抵押權，也會存在差異：

1. 以劃撥方式取得的國有土地使用權：所謂劃撥取得國有土地使用權，是指經縣級以上人民政府依法批准，土地使用者在繳納土地補償費和安置補助費後取得的土地使用權。由於通過劃撥方式取得土地使用權是無償的，所以以土地使用權做抵押應符合下列條件：

（1）土地使用者須領有國有土地使用證。

（2）具有地上建築物、其他附著物的合法產權證明。

（3）以抵押劃撥土地使用權所獲收益，抵交土地使用權出讓金。

（4）經縣級以上人民政府土地管理部門或者房產管理部門批准。

2. 以出讓方式取得的國有土地使用權：所謂以出讓取得國有土地使用權，是指國家以國有土地所有人的身分，將土地使用權在一定年限內讓與土地使用者，並由土地使用者向國家交付土地使用權出讓金後，取得的國有土地使用權。因此，以出讓方式取得國有土地使用

權人，是有償取得使用權，土地使用權人有權做出處分，包括抵押。

3. 抵押人依法承包並經發包方同意抵押的荒山、荒溝、荒丘、荒灘等荒地的土地使用權，但必須符合下列條件：

（1）用來抵押的使用權必須明確為荒地使用權。

（2）抵押人對該片荒地享有承包經營權。

（3）須取得發包方的同意。

4. 鄉（鎮）村企業的建築物占用範圍內的土地使用權：鄉（鎮）村企業的土地使用權不得單獨抵押，只能隨其地上的建築物一同抵押。

臺灣土地抵押和大陸土地抵押一樣，抵押權自抵押權設定登記完成之日成立，但臺灣土地的抵押人為土地的所有權人，這一點和大陸存在本質不同。另外，根據臺灣《土地登記規則》，臺灣的土地抵押登記包含土地及地上建物，抵押登記由土地所在地之直轄市、縣（市）地政機關辦理之。但該直轄市、縣（市）地政機關在轄區內另設或分設登記機關者，由該土地所在地之登記機關辦理之。建物跨越二個以上登記機關轄區者，由該建物門牌所屬之登記機關辦理之。

比較特別的是，臺灣還規定：「申請為抵押權設定之登記，其抵押人非債務人時，契約書及登記申請書應經債務人簽名或蓋章。」大陸則無此規定。抵押權設定登記後，另增加一宗或數宗土地權利共同為擔保時，臺灣也有比較特別的規定，也就是應該就增加部分辦理抵押權設定登記，並就原設定部分辦理抵押權內容變更登記，而大陸並未要求就原設定部分辦理抵押權內容變更登記。

【6】中國不動產抵押期限與臺灣的差異

　　抵押期限，是指抵押權人實現抵押權的有效期限，也就是抵押權的有效存續期限。根據中國《擔保法》第52條規定：「抵押權與其債權同時存在，債權消滅的，抵押權也消滅。」擔保法司法解釋第12條規定：「當事人約定的或者登記部門要求登記的擔保期間，對擔保物權的存續不具有法律約束力。」物權法第202條規定：「抵押權人應當於主債權訴訟時效期間行使抵押權，未行使的，人民法院不予保護。」可見中國大陸對於不動產抵押權規定了期限，即為抵押登記生效之日起至其所擔保之債權訴訟時效屆滿之日，該期限由法律直接規定而不能由當事人約定。

　　假設，不動產抵押登記的債權發生期間為2014年1月1日至2017年1月1日，理論上，意味著抵押權人必須在2019年1月1日之前行使抵押權，但實際上可行使抵押權的期間可能「長於」或「短於」2019年1月1日。因2014年1月1日至2017年1月1日是債權發生期間，例如，一筆債權是2015年1月1日發生的（位於債權發生期間內），按照約定貸款期限是四年，2018年12月31日到期未歸還，債權人可以在2020年12月31日前行使抵押權，若考慮訴訟時效中斷、中止等情形，還會更長；同例，若因借款人違約，借款依約於2016年1月1日被宣布提前到期，但借款人未在提前到期日歸還借款，債權人可以在2018年12月31日前行使抵押權。

　　因不動產抵押權行使期間為法律規定的期間，因此各地辦理抵押登記時不再登記抵押期間，但部分地方，例如蘇州地區的不動產抵押登記部門，仍要求登記抵押期間，並要求抵押權人在期限屆滿後重新辦理抵押登記。實際上，「抵押期間」、「權利價值」等術語，是在《物權法》、《房屋登記辦法》公布前，原建設部在設計《房屋他

項權證》時提出的；但是，《物權法》、《房屋登記辦法》公布後，該用語已經不再提及，而且也不再做為登記事項記載在房屋登記簿和他項權證中。

　　臺灣的抵押權行使期間則與大陸規定不同，抵押權不因其所擔保的債權請求權已過時效而消滅，而是單獨就抵押權行使期間做出特別規定，但該抵押權期間與其所擔保之債權請求權時效有關。臺灣《民法》第145條第1款規定：「以抵押權、質權或留置權擔保之請求權，雖經時效消滅，債權人仍得就其抵押物、質物或留置物取償。」第2款規定：「前項規定，於利息及其他定期給付之各期給付請求權，經時效消滅者，不適用之。」同時，臺灣《民法》第880條規定：「以抵押權擔保之債權，其請求權已因時效而消滅，如抵押權人，於消滅時效完成後，五年間不實行其抵押權者，其抵押權消滅。」而且臺灣「最高法院53年臺上字第1391號判例」更認為上述《民法》第880條是對抵押權因「除斥期間」而消滅的規定。臺灣《民法》第880條立法理由為：「謹按抵押權為物權，本不因時效而消滅。惟以抵押權擔保之債權已因時效而消滅，而抵押權人於消滅時效完成後，又再經過五年不實行其抵押權，則不能使權利狀態永不確定，應使抵押權歸於消滅，以保持社會之秩序。此本條所由設也。」

【7】中國不動產抵押金額與臺灣的差異

與不動產抵押登記有關的金額，包括主債權金額、抵押登記金額和抵押物價值三個方面。

1. 主債權金額

主債權金額指的是在辦理抵押登記時，抵押合同上約定的，其所擔保的主合同項下的債權金額，若是最高額抵押，其所擔保的主合同項下債權通常會是一個授信期間內的授信額度。

2. 抵押登記金額

抵押登記金額指的是抵押物所擔保的債權金額或最高債權限額，此部分將做為抵押登記憑證的記載事項之一。對於一般抵押，因為債權金額確定，且中國《物權法》第173條規定：「擔保物權的擔保範圍包括主債權及其利息、違約金、損害賠償金、保管擔保財產和實現擔保物權的費用。當事人另有約定的，按照約定。」因此，在一般抵押中，抵押登記時記載的債權金額實際為主債權金額，另因《物權法》明確規定，擔保物權的擔保範圍包括主債權及其利息等，因此行使抵押權時，已辦理了抵押登記的債權所產生的利息一樣受抵押權保護。

但在最高額抵押中，抵押登記金額就變得比較複雜。中國《物權法》第203條規定：「為擔保債務的履行，債務人或者第三人對一定期間內將要連續發生的債權提供擔保財產的，債務人不履行到期債務或者發生當事人約定的實現抵押權的情形，抵押權人有權在最高債權額限度內就該擔保財產優先受償。最高額抵押權設立前已經存在的債權，經當事人同意，可以轉入最高額抵押擔保的債權範圍。」可見，最高額抵押限定了抵押權人就擔保物優先受償的限額，在債權人給予債務人一定授信額度的情況下，該授信額度通常指的是本金最高

限額，若加上屆時可能發生的利息、違約金、損害賠償金、保管擔保財產和實現擔保物權的費用等，實際產生的債權金額有可能會超過授信額度，但最終是否超過以及超過的具體金額在辦理抵押登記時尚無法確定。針對此情況，上海市在辦理最高額抵押登記時，允許當事人超過授信額度登記最高債權限額，但部分地方，例如蘇州，則要求抵押登記時的最高債權限額不得超過授信額度，這使得債權人的債權確保存在無法足額擔保的風險。

3. 抵押物價值

最後是抵押物價值的問題，中國《擔保法》第35條規定：「抵押人所擔保的債權不得超出其抵押物的價值。財產抵押後，該財產的價值大於所擔保債權的餘額部分，可以再次抵押，但不得超出其餘額部分。」因此，各地在辦理抵押登記時，通常都掌握一個標準，即抵押登記的債權金額或最高債權限額不得超過抵押物價值，抵押物價值由當事人選擇以評估機構出具的評估報告為準，或者以當事人自行認定金額為準。

可見，大陸的不動產抵押登記會受到兩個金額的限制，一是債權金額或授信額度，二是抵押物價值。

在臺灣，抵押登記則不受主合同債權金額、授信額度與抵押物價值的限制，抵押登記的債權金額可以大於後者。

【8】兩岸在債權抵銷規定與實務上的差異

抵銷是指二人互負債務，各以其債權充當債務之履行，而使其債務與對方債務在對等額度內相互消滅。兩岸有關抵銷權的法律規定，基本原則極為接近，但也有所差別。

一、大陸地區的規定與實務做法

大陸地區在債權抵銷規定與實務上，一般涉及法定抵銷、合意抵銷、破產抵銷權，以及超過訴訟時效的債權抵銷問題等四個方面。

（一）法定抵銷權

1. 抵銷條件：

（1）雙方互負債務。

（2）雙方互負的債務均已到期。

（3）債務的標的物種類、品質相同。

2. 行權方法：當事人主張抵銷的，應當通知對方。通知自到達對方時生效。抵銷不得附條件或者附期限。

3. 法律效力：還沒有抵銷的部分，債務當事人仍繼續負有履行的義務。

4. 禁止抵銷的情形：

（1）依照法律規定不得抵銷者，包括禁止強制執行的債務、故意侵權行為所引起的債務。例如債務人的生活必需費用、人身損害賠償等。

（2）按照合同的性質不得抵銷者，具體情形有：a. 必須履行的債務不得抵銷。比如應當支付給離職工人的生活保障金，不得用以抵銷工人欠企業的債務；b. 具有特定人身性質或者依賴特定技能完成的債務，不得抵銷。

（二）合意抵銷權

　　1. 抵銷條件：雙方互負債務。

　　2. 行權方法：雙方協商一致。

　　3. 法律效力：還沒有抵銷的部分，債務人仍繼續負有履行的義務。

　　4. 禁止抵銷的情形：

　　（1）正在凍結期內的存款。

　　（2）信用證保證金。

　　（3）產業工會、基層工會的資金。

（三）破產抵銷權

　　1. 抵銷條件：

　　（1）雙方互負債務。

　　（2）債權人的債權已經依法申報並得到確認。

　　（3）主張抵銷的債權債務均發生在破產申請之前。

　　（4）不屬於法律禁止抵銷的情形。

　　2. 行權方法：破產抵銷權應在人民法院受理破產申請後，到破產程序終結前的期間內行使；有破產抵銷權的債權人，應依破產程序申報債權。

　　3. 行權效力：破產債權人行使抵銷權後，抵銷額以內的債務歸於消滅，超出抵銷額以外的債務仍然存在。

　　4. 禁止抵銷的情形：

　　（1）債務人的債務在破產申請受理後取得他人對債務人的債權者。

　　（2）債權人已知債務人有不能清償到期債務或者破產申請的事實，對債務人負擔債務的；但是，債權人因為法律規定，或者有破產申請1年前所發生的原因而負擔債務的除外。

（3）債務人的債務人已知債務人有不能清償到期債務或者破產申請的事實，對債務人取得債權的；但是，債務人的債務人因為法律規定，或者有破產申請 1 年前發生的原因而取得債權的除外。

（四）超過訴訟時效的債權抵銷

大陸現行法律法規尚未對超過訴訟時效的債權抵銷做出明確規定，但在司法實踐中，被動債權的抵銷一般能夠得到法院的支持。

二、臺灣方面的規定與實務做法

臺灣方面在債權抵銷的規定，主要來源於臺灣《民法》和《破產法》，具體規定與大陸差別不大，具體差異有以下幾個方面：

（一）非破產抵銷權方面

臺灣非破產抵銷權方面的規定，涉及的範圍和大陸相似，主要涵蓋法定抵銷、合意抵銷和對超過消滅時效的債權抵銷問題。但在具體規定和實務上有以下主要不同：

1. 對債權轉讓中的債務人對讓與人債權的抵銷事項，臺灣《民法》第299條第2款規定：「債務人於受通知時，對於讓與人有債權，如其債權之清償期，先於所讓與之債權或同時屆至者，債務人得對於受讓人主張抵銷。」而大陸地區對此方面尚無統一法律規範，在實務中仍依照個案處理。

2. 對超過消滅時效的債權抵銷有明確規定。臺灣《民法》第337條規定：「債之請求權雖經時效而消滅，如在時效未完成前，其債務已適於抵銷者，亦得為抵銷。」此點較大陸之規定較為寬鬆。

（二）破產抵銷權方面

1. 破產債權人為附期限或附解除條件者，均得為抵銷。

2. 在不得抵銷的規定方面與大陸地區有所差別，臺灣《破產

法》第114條規定了不得抵銷的三種情形:

（1）破產債權人，在破產宣告後，對於破產財團負債務者。

（2）破產人之債務人，在破產宣告後，對於破產人取得債權或取得他人之破產債權者。

（3）破產人之債務人，已知其停止支付或聲請破產後而取得債權者，但其取得是基於法定原因或基於其知悉以前發生之原因者，不在此限。主要區別是，臺灣方面有關破產抵銷權禁止性規定的除外情形，比大陸嚴格。

【9】中國存單質押到臺灣的兩岸規定落差

2012年6月臺灣金管會公布《放寬金融機構得接受大陸地區中央政府債券及金融機構存單為新臺幣授信之擔保品》，臺灣居民只要拿著大陸銀行世界排名前1,000大銀行的定存單，依臺灣金管會規定，也可在臺灣的銀行進行融資。

但大陸銀行的定存單設質應依中國法律規定辦理，即使臺灣金管會開放了大陸定存單做為在臺灣的銀行融資的擔保品，實際操作時，卻因為中國的法律規定並未明確開放大陸定存單可以設質給境外銀行，而存在操作難度。

以大陸銀行的定存單對債務提供擔保，稱之為「權利質押」。中國《物權法》規定，以權利質押時，當事人應當訂立書面合同，質權自權利憑證交付質權人時設立；沒有權利憑證的，質權自有關部門辦理出質登記時設立。

以企業定存單質押為例，該權利憑證為「單位定期存單」，這與企業在大陸銀行辦理定期存款時，大陸銀行為企業開具的「單位定期存款開戶證實書」（以下簡稱「開戶證實書」）不同。2007年中國銀監會公布施行的《單位定期存單質押貸款管理規定》，規定開戶證實書不得做為質押的權利憑證，借款人必須委託貸款人依據開戶證實書，向存款行特別申請開具定期存款權利憑證，此權利憑證即為「單位定期存單」。「單位定期存單」一旦交付給貸款人，存單質權即設立。

根據《單位定期存單質押貸款管理規定》，「單位定期存單」開立程序如下：

一、借款人向貸款人提供開戶證實書等資料

借款人以本人或他人的單位定期存單出質，首先應該向貸款人提交：

1. 存款人的開戶證實書。

2. 存款人委託貸款人向存款銀行申請開具單位定期存單的委託書。

3. 存款人在存款行的預留印鑑或密碼。

4. 對於非借款人本人的開戶證實書，還應提供存款人同意由借款人為質押貸款目的而使用其開戶證實書的協議書。

二、貸款人向存款行申請開具單位定期存單及確認書

貸款人經審查同意借款人的貸款申請後，將開戶證實書和開具單位定期存單的委託書一併提交給存款行，向存款行申請開具單位定期存單和確認書。

三、存款行開具單位定期存單及確認書

存款行審查開戶證實書等資料及存款屬實後，保留開戶證實書及協議書，並於3個工作日內開具單位定期存單。在開具單位定期存單的同時，存款行還須對單位定期存單進行確認，出具單位定期存單確認書。確認書應由存款行的負責人簽字並加蓋單位公章，與單位定期存單一併遞交給貸款人後，質權設立。《單位定期存單質押貸款管理規定》還強調，貸款人不得接受未經存款行確認的單位定期存單做為貸款的擔保。

但《單位定期存單質押貸款管理規定》目前僅明確適用於境內

質押，跨境質押如何辦理或是否可以參照境內質押辦理，均無規定，這使得與臺灣金管會公布的《放寬金融機構得接受大陸地區中央政府債券及金融機構存單為新臺幣授信之擔保品》之規定存在兩岸落差，導致實務中尚無法完全照章行事操作大陸定存單質押給臺灣的銀行。

【10】兩岸股票質押手續有哪些不同？

　　臺灣的股票按股東權利，可分為普通股、特別股；按股票狀況，可分為普通股、全額交割股；按交易方式，可分為上市股票（集中市場交易）、上櫃股票（櫃檯買賣交易）、興櫃股票（即將上市上櫃股票）、未上市上櫃股票。

　　大陸的股票按票面形式，可分為記名股票、無記名股票和有面額股票；按上市交易所和買賣主體，可分為A股（上海和深圳）、B股（上海和深圳，其中上海B股以美元結算，深圳B股以港元結算）、H股（香港聯交所上市交易的在大陸運作的公司）、紅籌股（在香港或境外登記註冊，但實際經營活動在中國大陸的公司）；按持股主體（在2005—2006年的股權分置改革以前），可分為國家股、法人股和個人股；按公司業績，可分為績優股和垃圾股；按股東權利，分為優先股和普通股。

一、大陸情況

　　股票質押屬於中國《物權法》中「權利質押」的一種，且通常指的是A股上市股票。A股上市股票為無記名股票。雖然，A股股東開立的證券交易帳戶是記名的，但其記載的是帳戶持有者的名字，帳戶中的A股股票（電子形式）是不記名的，股東帳戶中的記載股票餘額，表示該股東是一定數量股票的合法持有者，不須變更備置於公司中的股東名冊，也不須對股票做任何背書，這說明A股上市股票是無記名股票，不同於記名股票。記名股票交易需要股東以背書或其他合法形式轉讓，轉讓後必須變更公司股東名冊。

　　以大陸A股上市公司股票出質的，須至中國證券登記結算有限責任公司上海分公司或深圳分公司，辦理股票質押登記手續。如果辦理

質押登記的股份超過該上市公司總股本的5％（含），在辦理質押登記後，上市公司或其董事會還應予以公告。必須注意的是，若股票所在上市公司為外商投資企業，即股東中有外資（境外自然人或法人）成分時，若以外資發起人持有的股票質押，還應在證券登記結算機構辦理登記後，向上市公司原審批商務主管部門事後備案。

大陸A股已質押股票的處置，質權人可以與出質人協議以質押股票折價抵償，也可以就拍賣、變賣質押股票所得的價款優先受償。質押股票折價或者變賣，應當參照市場價格。出質人可以請求質權人在債務履行期屆滿後，及時行使質權；質權人不行使時，出質人可以請求人民法院拍賣、變賣質押股票。出質人請求質權人及時行使質權，因質權人怠於行使權利造成損害時，由質權人承擔賠償責任。

二、臺灣情況

在臺灣，根據《臺灣證券集中保管股份有限公司業務操作辦法》，股票質押登記由臺灣證券集中保管股份有限公司辦理。根據該辦法規定，集中保管有價證券辦理質權設定時，應檢具「有價證券設質交付帳簿劃撥申請書」。質權消滅時，應檢具「有價證券設質解除／實行質權帳簿劃撥申請書」。法院強制執行時，應檢具「有價證券設質解除／實行質權帳簿劃撥申請書」及法院強制執行命令。

質物為未上市未上櫃有價證券者，應另檢附法院拍賣筆錄等證明文件及證券交易稅完稅證明。以自行拍賣方式實行質權時，應檢具「有價證券設質解除／實行質權帳簿劃撥申請書」，並附質權人於拍賣前已通知或不能通知出質人之下列任一文件：（1）郵局存證信函。（2）法院認證函。（3）切結書及已為通知或不能通知之文件。以取得所有權方式實行質權時，應檢具「有價證券設質解除／實行質權帳簿劃撥申請書」，並附證券交易稅完稅證明及出質人同意質

權人取得質物所有權之契約書。

　　金融機構及資產管理公司委託公正第三人拍賣設質之未上市未上櫃有價證券時，應檢具「有價證券設質解除／實行質權帳簿劃撥申請書」及下列相關證明文件：（1）經主管機關認可成立之公正第三人所出具之拍定證明書。（2）《民法債編施行法》第28條但書規定之公證人、員警機關、商業團體或自治機關出具之證明。（3）質權人出具之聲明解除質權之通知書。（4）證券交易稅完稅證明。

【11】中國銀行資金監管與Escrow帳戶有哪些不同？

　　類似股權轉讓等交易中，交易資金的安全是交易雙方考慮與互相博弈的重點；賣方總是希望資金能早一天到帳，落袋為安，而買方卻想方設法將付款時間點儘量延後。特別是在一些金額較大而雙方信任度又不夠的交易情況下，交易價款的支付方式，往往對於整個交易的成敗產生至關重要的作用。

　　實務中，解決此類問題通常會考慮到由獨立的第三方監管交易款項，即由買方預先將交易款項存至買賣雙方共同委託的第三方監管處，待約定的付款條件成就後，由第三方監管方放款給賣方。但這種方式最大的問題在於，必須找到交易雙方共同信賴的第三方監管方，而通常交易一方推薦的對象，另一方往往難以信任，即便由銀行擔任監管方，還會涉及到監管帳戶開立在哪一方名下、印鑑如何留存等眾多雙方爭議的問題。

一、由銀行擔任監管時

　　通過中國大陸的銀行進行資金監管，主要須解決以下三個問題：

　　1. 帳戶持有人：資金監管帳戶本質上為一般的銀行結算帳戶，因此，須先解決開戶人是買方、賣方還是買賣雙方共同委託的第三方的問題。

　　2. 印鑑：開立監管帳戶時，應向監管行預留印鑑做為提款印鑑，通常監管行會要求預留銀行印鑑由帳戶持有人及交易當事人的公章／財務專用章，以及法定代表人／授權代表人名章或簽字樣本組成。

　　3. 運作：帳戶持有人通常應同意並向各方承諾，未經交易當事人事先書面同意，帳戶持有人不得取消或變更監管帳戶。帳戶持有人

無權向監管行申請提取、劃轉或發放監管帳戶內的資金，監管帳戶內的資金應按照監管協議的約定提取、劃轉或發放。除監管協議另有約定外，監管行應按照其正常業務經營及操作模式，管理監管帳戶以及帳戶資金。

二、由第三方監管時

　　Escrow帳戶（編註：Escrow指第三方託管）則與前述銀行監管帳戶不同。從本質上來說，Escrow帳戶仍屬於第三方監管性質，即交易當事人委託銀行做為監管方，將資金存放至銀行的Escrow帳戶，在條件成就時由銀行將資金劃轉給賣方，若條件未成就，則由銀行將資金退回給買方。但Escrow帳戶有以下特點：

　　1. Escrow帳戶獨立於交易當事人之外，由銀行開立獨立的託管帳戶，帳戶名稱並非買賣雙方任何一方的名稱。

　　從一定程度而言，Escrow帳戶具有信託帳戶的性質。更重要的是，因Escrow帳戶上的資金不屬於交易各方當事人中的任何一方，因此，帳戶資金不會因為一方涉及訴訟或面臨破產等問題，而連帶該帳戶資金被司法凍結。

　　2. 從事Escrow業務的銀行均須具備特定的資格。

　　對於選擇Escrow帳戶做為資金監管的交易當事人，在雙方簽署完交易合同之後，就可以選擇銀行簽訂Escrow協議。銀行會與當事人在確認交易的目標、價金、交付方式、如何確認目標之交付等交易事項後，制定Escrow協議。交易當事人與銀行簽署協議後，買方即可按照協議的約定，向Escrow帳戶存入資金，當協議確認的買方付款條件成就時，銀行會依據當事人約定的付款指示方式，向賣方指定帳戶劃撥資金。

　　在Escrow交易架構中，銀行方面對於當事人的交易是否達到付

款條件，只是進行形式上的審查，僅依據Escrow協議約定的指示方式進行放款，銀行不會也無法對整個交易是否實際達到付款條件進行判斷。因此，在整個Escrow架構中，交易當事人可以委派專業的律師事務所做為判斷交易是否成就的監管方，由律師事務所在認定交易達到付款條件後，做為指示方通知銀行進行放款。

【12】中國企業到臺灣銀行開戶的兩岸規定落差

2012年6月30日，中國外匯管理局發布《貨物貿易外匯管理指引》等一系列文件，決定自2012年8月1日起，在全國實施貨物貿易外匯管理制度改革。其中，中國外匯管理局發布的《貨物貿易外匯管理指引實施細則》，詳細規定了企業將出口收入存放在境外的條件及操作流程等事項。

按照中國外匯管理局的規定，企業擬將出口收入存放境外，須先確定符合條件的境外銀行，並與銀行簽署《收支信息報送協議》，約定境外銀行須按月向當地外匯管理部門寄送銀行對帳文件；協議簽署後，企業方可持相關資料，向當地外匯管理部門申請出口收入存放境外，獲得批准後再到簽約行開立出口收匯帳戶；銀行開戶後，企業須及時將開戶情況報當地外匯管理部門備案，且一旦境外帳戶發生收支業務，企業應當在次月起10個工作日內，通過監測系統如實向外匯管理部門報告；最後，企業還應督促境外開戶行按照《協議》約定，按月向外匯管理部門郵寄境外帳戶對帳單，以便於外匯管理部門核查。

另外，中國外匯管理局要求境外帳戶的收支須符合以下規定：境外帳戶的收入範圍僅限於出口收入、帳戶資金孳息，以及經外匯管理部門批准的其他收入；支出範圍則包括貿易項下支出，境外承包工程、佣金、運保費項下費用支出，與境外帳戶相關的境外銀行費用支出，經外匯管理部門核准或登記的資本項目支出，調回境內，以及外匯管理部門同意的其他支出。

雖然中國外匯管理局有以上規定，但境外銀行畢竟是歸屬於當地國家或地區監管，這一定就會產生二者的管理要求有落差。以臺灣的銀行為例，臺灣境內的銀行可以為境外的企業開立銀行帳戶，其中

當然也包括中國的企業，但臺灣金融監督管理委員會並未要求臺灣境內的銀行為境外的企業開戶時，必須取得該企業所在國家的批准。另外，依臺灣的法律，臺灣境內的銀行並無義務向中國的外匯管理局按月寄送銀行對帳文件，也無義務與中國外匯管理局簽訂《收支信息報送協議》。最後，對於帳戶的收支範圍，中國外匯管理局有各種限制，但臺灣並無諸多限制。

按照臺灣的法令規定，中國企業在臺灣的銀行開立的帳戶為OBU帳戶。在臺灣境內銀行所設立的國際金融業務分行（OBU），是臺灣當局為加強國際金融活動及建立區域性金融中心而採取租稅減免等優惠措施，以吸引臺灣境內外法人投資而設立的金融單位。符合資格的客戶於臺灣境內銀行OBU開立的帳戶，均可免徵利息所得、營利事業所得、營業稅及印花稅等稅項，且不受外匯管理條例限制。OBU帳戶服務範圍包括：貿易融資、外幣貸款（營運資金貸款、兩岸跨境貸款、聯合貸款）、其他國際金融服務（匯入業務、匯出業務、外匯存款）、人民幣服務（存款服務、匯款服務、貸款服務、貿易融資服務、外匯交易業務）等。可見，若中國企業到臺灣地區的銀行開戶，從帳戶運用管理來看，中國和臺灣的規定也存在諸多差別。

綜上可見，中國企業在境外銀行開戶，將出口收入存放境外，雖有好處，但因外匯管理部門對境外帳戶有嚴格監管且資金調度受限，因此實務中，很多企業即使符合到境外銀行開戶的條件，也可能因為境外銀行無法配合承諾按月報送文件、不願簽署相關協議，或是難以符合中國外匯管理部門關於帳戶運用的管理要求等，而很難付諸於實際操作。

【13】兩岸訴訟時效的比較分析

　　中國的訴訟時效，是指民事權利受到侵害的權利人在法定的時效期間內不行使權利，當時效期間屆滿時，人民法院對權利人的權利不再進行保護的制度。借貸、保證的訴訟時效為2年（2年為中國的普通訴訟時效期間）。訴訟時效的起算，也就是訴訟時效期間的開始，是從權利人知道或應當知道其權利受到侵害之日起開始計算，即從權利人能行使請求權之日開始算起。

　　因此，在中國，若借貸合同約定了履行期限，從履行期限屆滿之日起算；未約定履行期限的，從債權人要求債務人履行義務的寬限期屆滿之日起計算；或債務人在債權人第一次向其主張權利之時明確表示不履行義務的，從債務人明確表示不履行義務之日起計算。但是，如果債權人在債務人債務到期不履行之日起20年後才向人民法院起訴，要求債務人履行義務，人民法院依法不予保護；對於分期履行借款合同者，訴訟時效期間從最後一期履行期限屆滿之日起計算。當發生法定事由或不可抗力時，訴訟時效可以中斷、中止或延長。

　　另外，對於保證人的訴訟時效，按照中國的規定，一般保證的債權人，在保證期間屆滿前對債務人提起訴訟或者申請仲裁者，從判決或者仲裁裁決生效之日起，開始計算保證合同的訴訟時效。連帶責任保證的債權人，在保證期間屆滿前要求保證人承擔保證責任者，從債權人要求保證人承擔保證責任之日起，開始計算保證合同的訴訟時效。

　　臺灣則不使用「訴訟時效」這個概念制度，相應的概念是「消滅時效」。臺灣的「消滅時效」制度，是指權利人在法定期間內不行使請求權，債務人可以消滅時效完成而拒絕給付的法律制度。而中國的「訴訟時效」，是指民事權利受到侵害的權利人，在法定的時效期

間內不行使權利，當時效期間屆滿時，人民法院對權利人的權利不再進行保護的制度。二者雖然大部分的結果相同（債務人都可以不負債務履行責任），但各自的制度概念內容還是有重大差異，臺灣的「消滅時效」制度是債務人取得拒絕給付抗辯權，而中國的「訴訟時效」制度卻是司法單位不再予債權人保護，就法律精神來說是不相同的。

　　臺灣將消滅時效期間，分為普通消滅時效期間和特殊消滅時效期間。後者適用於特定的案件權利，前者適用於除了適用特別消滅時效以外的案件權利。依臺灣《民法》總則編第125條、第126條及第127條規定，除法律另有特別規定外，「請求權」的普通消滅時效期間最長為15年，關於特定債權請求權的時效期間為5年或2年。消滅時效的基礎是請求權不行使的狀態，因此只有存在權利人享有請求權而怠於行使的事實，即可起算消滅時效期間；也就是在具備這種事實狀態時，消滅時效期間即開始計算。

【14】在中國如何發催款函
以達到臺灣存證信函的效果

　　臺灣的存證信函須準備一式三份，並採用雙掛號方式寄出，其中一份留存在郵局。日後真有訴訟，將可以透過郵局發信日以及其內容做為證明的信函，證明確實已盡告知義務。中國的郵局沒有存證信函業務，如果要達到與臺灣存證信函同等效果，日後能夠證明發信日與發信內容，最直接的辦法是辦理郵寄保全公證。

　　郵寄保全公證，是保全證據公證中比較常見的一種類型。也就是說，類似催款函這類信件，在公證員的面前郵寄，並由公證處出具公證書，公證書將描述公證員在某年某月某日陪同某人或某企業到郵局郵寄信函，並描述寄送的是什麼信函，同時，在公證書中會附信函的內容和郵寄單據。郵寄保全公證的信函採用掛號信或特快專遞寄送，一旦辦理了郵寄保全公證，對方當事人就再難以提出雖曾經收到信函，但並無相關內容的主張。

　　郵寄保全公證必須同時準備多份信函，一份用於交付給郵局進行投遞，一份用於公證處留底，另根據寄送人必須製作的公證書的份數另行準備。如果只有一份原件，那麼郵寄前公證處會根據實際情況進行複印，但是在公證書中所附的只能是影本。其次，公證處保全的是寄送人到郵局寄送的是什麼內容的信件，至於對方是否收到信函，不屬於公證處的公證範圍。如果投遞地址錯誤，寄送人自行承擔相應後果。最後，公證處對郵寄的信函內容的真實性不做判斷。只要郵寄的內容不違反中國相關法律、法規、規章制度的規定，所有的信函都可以郵寄。

　　郵寄保全公證只能證明寄送的信函內容，為免日後發生訴訟時，對方否認收到過信函，寄送人應保證寄送地址的準確性，該寄送

地址應首選相關合同中明確約定的相互寄送信函的地址，如果無約定，則以對方的法定註冊地址或者戶籍、身分登記地址為準，如果無法定地址，則應是對方的實際生產、經營或生活的地址。

對已寄出的信函，如果對方的傳達室、收發人員或者其工作人員簽收了信函，但對方仍然否認收到，辯稱自己並不認識簽收人，這種情況下，法院一般是認定對方已收到信函。若是因為對方名稱或地址變更而沒有簽收，此時要看相關合同中，對於一方名稱和地址變更，是否有要求書面通知另一方，如果有此要求，變更方未履行書面通知義務的，另一方按照原來的名稱和地址寄送，仍應認定為信函已經送達對方。反之，如果相關合同沒有賦予當事人這項通知義務，或者另一方收到通知後沒有按照新的名稱和地址寄送，都可能由寄送人承擔不利後果。

其實，即使未辦理郵寄保全公證，在一些實際案例中，當事人通過國內特快專遞方式向他人郵寄信函，並在有關郵寄憑證上註明所寄物件為催款函，而對方否認信函內容為催款函時，法官也可能根據邏輯推理和日常生活經驗，結合案件情況，認定信函內容為「催款」。這是因為，中國最高人民法院《關於民事訴訟證據的若干證據的若干規定》第64條規定：「審判人員應當依照法定程序，全面、客觀地審核證據，依據法律的規定，遵循法官職業道德，運用邏輯推理和日常生活經驗，對證據有無證明力和證明力大小獨立進行判斷，並公開判斷的理由和結果。」

【15】兩岸法院執行處置不動產差異重點

　　兩岸法院在執行處置不動產時，一般均採訴訟執行程序和非訴訟執行程序，具體處置方面的差異，主要體現在查封和變賣兩個階段。

一、查封

　　中國法院對不動產查封，總體參照了查封登記生效的原則，但未採用查封登記的概念，而是主要規定了二個必需步驟：

　　1. 執行法院向有關管理機關發出協助執行通知書，要求其不得辦理查封財產的轉移過戶手續。

　　2. 加貼封條或張貼公告。但中國法律沒有對加貼封條和張貼公告的不同效用、具體方法，以及未加貼封條或張貼公告的法律後果，做出明確規定。

　　此外，中國法院可在查封過程中施以「收存產權證照」的輔助方法。

　　臺灣方面法院對不動產的查封，並不以查封登記為生效要件。其《強制執行法》第76條第1款規定了「揭示、封閉和追繳契據」三種不動產查封方法，並且根據同條第3款規定：「執行法院並應先通知登記機關為查封登記。」但所規定的「揭示、封閉和追繳契據」三種查封手段，並不能稱為獨立意義上的查封方法，僅可指稱為查封行為，只有與必要的查封登記程序相結合，方能稱為完整的查封方法。

二、執行

　　中國法院執行不動產的主要依據，是「最高人民法院關於人民法院民事執行中拍賣、變賣財產的規定」，法院拍賣不動產必須委託有資格的專業拍賣機構進行拍賣，拍賣工作由相關拍賣機構按照中國

《拍賣法》及相關程序規定組織進行。但中國法律尚沒有對法院如何選擇有資格的拍賣機構，做統一的細節規定。

另外，對於執行法院，中國規定如下：

1. 發生法律效力的民事判決、裁定，以及刑事判決、裁定中的財產部分，由第一審人民法院或者與第一審人民法院同級的被執行的財產所在地人民法院執行。

2. 法律規定由人民法院執行的其他法律文書，由被執行人住所地或者被執行的財產所在地人民法院執行。

3. 經人民法院裁定承認其效力的外國法院做出的判決、裁定，可向被執行人住所地、經常居住地或財產所在地的中級法院申請執行。

4. 經人民法院裁定承認其效力的國外仲裁機構做出的仲裁裁決，可向被申請人住所地或者財產所在地的中級人民法院申請執行。

對於申請執行的期間，中國規定為2年，從法律文書規定履行期間的最後一日起計算；法律文書規定分期履行的，從規定的每次履行期間的最後一日起計算；法律文書未規定履行期間的，從法律文書生效之日起計算。申請執行時效的中止、中斷，適用法律有關訴訟時效中止、中斷的規定。

臺灣法院則制定有《地方法院民事執行處不動產投標參考要點》，地方法院在變賣不動產時，須嚴格按照此要點進行操作。所有具體操作仍由執行法院直接進行。

三、處置限制

中國《關於人民法院民事執行中查封、扣押、凍結財產的規定》第6條規定：「對被執行人及其所扶養家屬生活所必需的居住房屋，人民法院可以查封，但不得拍賣、變賣或者抵債。」

　　而臺灣方面在執行不動產過程中，對被執行人及其所扶養家屬
生活所必需的居住房屋的執行，沒有禁止性規定。

【16】中國法人發行寶島債資格分析

2012年1162號文給予銀行以外的中國法人主體，到臺灣發行寶島債的充分法律依據。

目前大陸台商回臺灣F上市上櫃，是指以大陸台商的境外母公司回臺灣掛牌，如果是要以在大陸的法人主體，直接到臺灣上市籌募資金，則屬於前陣子熱議的T股概念，雖然T股目前處於只聞樓梯響的階段，但大陸的法人主體縱使還不能到臺灣上市募資，卻已經可以到臺灣發行人民幣債券籌集資金，也就是通稱的「寶島債」。

大陸的法人主體要到海外發行「人民幣」債券，必須先依是不是銀行來判斷要參照哪項規定進行申請，如果是中國大陸的銀行，要到海外發行人民幣債券，必須遵行2007年人民銀行和發改委共同制訂的12號文《境內金融機構赴香港特別行政區發行人民幣債券管理暫行辦法》，大陸境內的銀行只要依12號文規定，就可以在香港發行人民幣債券（通稱為點心債），問題是12號文只有寫明允許大陸的銀行到「香港」發行人民幣債券，至於到香港以外地區發行人民幣債券，則完全未提及。

因此，從條文角度來說，大陸官方至今仍未開放中國的銀行到臺灣發行寶島債，這也是為什麼已經到臺灣發行寶島債的四家大陸本地銀行（交通銀行、中國農業銀行、中國建設銀行、中國銀行），全部是以在香港的分行做為寶島債的發行人，而非以在大陸的銀行主體做為寶島債發行人。

另一方面，如果不是大陸的銀行，而是銀行以外的中國法人主體，要到境外發行人民幣債券，那就不是依上述的12號文，而是依2012年發改委外資司發布的1162號文《國家發展改革委關於境內非金融機構赴香港特別行政區發行人民幣債券有關事項的通知》。1162

號文明訂了大陸銀行以外的法人主體，要到香港以外的國家或地區發行人民幣債券，都可以比照1162號文辦理，也就是說，從2012年的1162文公布起算，除了銀行以外的中國法人主體，要到臺灣發行寶島債已沒有任何法律障礙。

　　從臺灣官方開放中國法人到臺灣發行寶島債的三種企業身分來分析，大陸當地的銀行或臺灣的銀行設立於大陸的子行，在兩岸還未進一步協商，或大陸還未修改2007年的12號文前，不太可能到臺灣發行寶島債，但大陸銀行在海外的分行或子行則不在此限；至於臺灣上市櫃公司投資在大陸的子公司，不論就大陸的法律法規或臺灣官方開放中國法人到臺灣發行寶島債的規定來看，都應該是現階段中國法人到臺灣發行寶島債最主要的對象。

　　臺灣上市櫃公司投資在大陸的子公司，要回臺灣發行寶島債，最重要的是必須先履行大陸端的審批義務，除了必須到發改委外資司進行專項審批外，在臺灣透過寶島債所募到的人民幣資金要回流大陸，還必須經過人民銀行貨幣政策二司的項目核准。

【17】寶島債資金回流分析

寶島債資金必須依向發改委申請發債時的資金用途承諾使用，而且要在人民銀行核准的金額內將寶島債匯回中國大陸。

而符合兩岸官方條件，允許到臺灣發行寶島債的大陸台資企業，發行寶島債前必須先到發改委審批外，如果寶島債資金最終要匯回大陸使用，那就要格外注意兩個重點，一是回到大陸的寶島債人民幣資金，必須依當初向發改委申請發行寶島債時所說明的用途內容使用；其次，不是所有在臺灣募到的寶島債資金最終都被允許匯回大陸，必須向人民銀行申請，依人民銀行最後核准的金額匯回大陸。

台商在大陸申請股票上市，都必須向發改委申請「立項」，所謂立項也就是募集資金用途審查，當台商真正在大陸上市，從股市籌募到資金後，必須嚴格依當時的立項內容進行投資；這和發行寶島債相同，大陸台資企業向發改委申請到臺灣發行寶島債，都必須提交申請報告，申請報告中就須說明發行寶島債的資金用途。

如果最終寶島債人民幣資金要回流大陸，除了要嚴格按照債券募集說明書中所約定的使用範圍進行使用，不得挪做他用外，還要根據人民銀行在2013年發布的168號文《中國人民銀行關於簡化跨境人民幣業務流程和完善有關政策的通知》，必須經人民銀行同意，才能在大陸境內銀行開立人民幣專用存款帳戶，專門用於存放經人民銀行同意從境外匯入的發債募集資金，重點是這個帳戶只能進行活期存款，不能定存，原因很簡單，就是為了避免助長企業套利的行為。

依目前大陸企業到境外發行人民幣債券，取得人民幣資金後，向人民銀行申請將發債人民幣資金匯回大陸，實務中人民銀行批准匯回的最高比例為50%，一般則都在20%到30%間，顯示人民銀行對大陸企業到境外發行人民幣債券，資金匯回大陸仍持保留態度。

　　在大陸的主體到臺灣發行寶島債因為審批麻煩，限制頗多，可以由大陸台資企業在臺灣的子公司或母公司在臺灣發行寶島債，由大陸端提供擔保，如果擔保人是境內非銀行金融機構或企業，則擔保人和被擔保人的資格條件都須符合2010年中國外匯局39號文《國家外匯管理局關於境內機構對外擔保管理問題的通知》，由中國外匯局進行逐筆核准。

【18】發行寶島債中國審批分析

從臺灣官方開放大陸企業赴臺灣發行寶島債的規定,及2012年發改委外資司1162號文《國家發展改革委關於境內非金融機構赴香港特別行政區發行人民幣債券有關事項的通知》來看,兩岸對「寶島債」發行人資格的規定有差異,臺灣允許中國大陸銀行類金融機構到臺灣發行「寶島債」,但未允許大陸非銀行類企業(回臺上市櫃除外)到臺灣發行「寶島債」;而大陸則相反,允許大陸非金融機構到臺灣發債,但未允許大陸金融機構(銀行屬於金融機構之一)到臺灣發債,導致實務中大陸各類主體,無論是銀行類金融機構、非銀行類金融機構(回臺上市櫃除外),還是非金融機構的企業(回臺上市櫃除外),實質上都無法直接以大陸主體到臺灣發行「寶島債」。因此,臺灣上市櫃公司設立在大陸的台資企業,是目前能赴臺灣發行寶島債的唯一族群。至於臺灣官方最希望吸引到臺灣發行寶島債的大陸本地銀行,則因為中國端並未放開大陸本地銀行在境外發行人民幣債券,陸資銀行只能通過海外銀行,比如香港分行,發「寶島債」。

設立在大陸的企業赴臺灣發行寶島債,雖然依《外債管理暫行辦法》規定也屬於外債範圍,但由於外債的類型不同,導致官方管理思維也不同。

根據1162號文,大陸企業申請到境外發行人民幣債券,要先經省級發改委審核後,再轉報中國發改委審批。國家發改委外資司審批時,則對發債主體是否符合以下條件進行審查:

1. 具有良好的公司治理機制。

2. 資信情況良好。

3. 具有較強的盈利能力。

4. 募集資金投向應主要用於固定資產投資項目,並符合中國宏

觀調控政策、產業政策、利用外資和境外投資政策以及固定資產投資管理規定，所需相關手續齊全。

5.已發行的所有企業債券或者其他債務，未處於違約或者延遲支付本息的狀態。

6.最近3年無重大違法違規行為。

中國發改委外資司在徵求有關意見後，依規定自受理之日起的60個工作日內，必須做出是否核准的決定，申請人也必須自核准之日起60個工作日內，啟動實質性發債工作，並於核准文件有效期限（1年）內完成人民幣債券發行。

大陸企業在境外發行人民幣債券後，必須向發改委書面報告債券發行情況，並辦理外債登記、還本付息等手續。

對於境外募集資金的用途，中國發改委在批准同意境外發債時即予以明訂，通常情況下，募集資金不得調回境內使用。

由於大陸的台資企業在法律地位上屬於中國法人，所以必須經發改委審批，才能到臺灣發行寶島債取得較低成本的人民幣資金。

如果臺灣官方進一步開放其他中資企業也可以到臺灣發行寶島債，由於發改委對於境外發行人民幣債券已有明確操作細則和審批時限，比起中資企業申請人民幣外債額度規定的模糊不清，會使寶島債對中資企業更具吸引力。

【19】外資銀行如何選擇外債適用法律？

　　根據中國《涉外民事關係法律適用法》第41條，當事人可以協議選擇合同適用的法律。當事人沒有選擇時，適用履行義務最能體現該合同特徵的一方當事人經常居所地法律，或者其他與該合同有最密切聯繫的法律。因此，外債合同可以選擇臺灣法律或中國法律做為適用的法律。

　　由於中國《民事訴訟法》第34條規定：「合同或者其他財產權益糾紛的當事人可以書面協議選擇被告住所地、合同履行地、合同簽訂地、原告住所地、標的物所在地等與爭議有實際聯繫的地點的人民法院管轄。」因此外債合同若被告住所地、原告住所地、合同簽訂地等因素指向臺灣，則可以在外債合同中約定由臺灣法院管轄。

　　但須留意的是，適用法律和選擇爭議解決機構的不同，對臺灣的銀行日後求償程序或求償效率，存在很大差異。

　　在選擇中國大陸法院解決爭議的前提下，如果選擇適用的是臺灣法律，則當事人首先應當提供該地區的法律，同時法院也會通過法律專家、法律服務機構、國際組織、互聯網等途徑，主動進行調查。在無法查明臺灣法律或者臺灣法律沒有相關規定的情形下，則將適用大陸法律。無論是選擇適用大陸法律還是臺灣法律，一旦大陸企業逾期歸還外債，臺灣的銀行可在向大陸法院起訴的同時，就對大陸境內債務人的財產採取保全措施，這包含凍結債務人銀行帳戶、查封名下不動產和動產、保全債務人享有的對第三人到期的債權等，有點類似於臺灣的「假扣押」。等大陸法院做出生效判決，債務人未完全履行判決內容前提下，財產保全中的凍結、查封及其他保全措施，都可轉為執行階段的強制措施，且凍結的存款可直接劃轉給債權人，查封的財產則可拍賣、變賣，保全的債權可直接以臺灣的銀行做為支付對

象。

　　但若選擇臺灣法院解決爭議，雖然大陸已可承認和執行臺灣的判決，但在臺灣判決得到大陸法院承認前，無法對大陸債務人的財產採取保全措施，將使其他債權人占得求償的先機。同時大陸法律還規定，涉外案件雖經臺灣有關法院判決，但當事人未向大陸法院申請認可，而是就同一案件事實向大陸法院提起訴訟，也應該予以受理。因此以下這種情況須特別留意，即當臺灣的銀行未將取得的臺灣勝訴判決向大陸申請承認和執行前，處於臺灣判決不利地位的當事人可向大陸法院另行訴訟，大陸法院受理此訴訟後，雖極可能因為當事人已約定臺灣法院管轄，並已取得判決，而駁回此訴訟，但仍會延誤臺灣判決承認與最重要的執行時機。

　　綜上，鑒於外債關係中債務人的住所地和財產主要在大陸，因此臺灣的銀行應優先考慮將大陸法院做為外債合同的爭議管轄機構，但可以選擇適用臺灣法律。

【20】台資銀行參與中國聯貸的法律風險

臺灣的「聯貸」在中國大陸稱為「銀團貸款」，是指由兩家或兩家以上的銀行，基於相同貸款條件，依據同一份貸款合同，按約定的時間和比例，通過大陸境內代理行向借款人提供本外幣的貸款或授信業務。

在臺灣的銀行直接參與大陸企業聯貸案中，經常會遇到這種情況，即僅將「擔保品代理行」登記為「抵押權人」，然後再以書面協議進行約定，讓其他參與聯貸的銀行成為「實際抵押權人」。對此，必須特別注意將「擔保品代理行」登記為唯一「抵押權人」所可能引發的法律風險。

一、抵押登記效力

從抵押登記的效力來看，對於以正在建造的建築物和已經取得房地產權證的不動產抵押的，根據中國《物權法》的規定，抵押權自登記時設立。因此，對於以書面協議方式約定參與聯貸的銀行為抵押權人的做法，並不能產生抵押權設立的法律效果，實際上根本無法保障該參與聯貸的銀行的抵押權。對於以生產設備、交通運輸工具和正在建造的船舶、航空器抵押的，抵押權如果未經登記，則不能對抗善意第三人，即如果抵押人將抵押財產轉讓給善意第三人，未經登記的抵押權人不能主張優先受償權。

二、法律地位

從擔保品代理行本身的法律地位來看，根據中國銀監會2007年發布的《銀團貸款業務指引》第11條第2款要求，擔保結構比較複雜的銀團貸款，可以指定擔保代理行，由擔保代理行負責落實銀團貸款

的各項擔保、抵押或質押物的登記與管理工作。由此可見，「擔保品代理行」的職責是實施擔保品的登記與管理，並非僅以擔保代理行做為抵押權人。況且，根據中國《民法通則》對代理的定義，應當是指代理人在代理許可權內，以被代理人的名義實施民事法律行為。也就是擔保品代理行應當以受託人的身分，代為辦理抵押登記，而非以代理行的名義登記為抵押權人。

三、清償順序

在清償順序上，根據中國《物權法》的規定，同一財產向兩個以上債權人抵押的，拍賣、變賣抵押財產所得的價款依照：

（1）抵押權已登記的，按照登記的先後順序清償；順序相同的，按照債權比例清償；（2）抵押權已登記的，先於未登記的受償；（3）抵押權未登記的，按照債權比例清償。

顯然，已經登記的抵押權人在登記的擔保金額內具有優先受償權，而未經登記的抵押權人只能做為一般債權人。即便辦理抵押時登記的債權金額為聯貸案的全部債權金額，一旦發生爭議必須通過實現抵押權（拍賣或變賣抵押物）的方式來清償債務時，法院通過實質審理，發現擔保品代理行與借款人之間的主債權與登記的主債權金額不一致時，則存在對於超過擔保品代理行主債權及其利息、違約金、損害賠償金、保管擔保財產和實現擔保物權費用的部分不予支援的可能性，這樣對於其他聯貸行而言，存在著巨大風險。

因此，臺灣的銀行在參與大陸聯貸案時，應將各銀團成員都做為抵押權人登記，並按各自債權比例享有抵押權，抵押權人再通過協議約定方式，將代辦抵押登記、管理抵押物或行使抵押權等工作，授權委託給「擔保品代理行」。

實務中，對於以境內不動產抵押擔保借款時，確實存在登記部

門以境外銀行欠缺金融許可證為由，不能接受抵押權人登記為境外銀行的情形。對此，中國《擔保法》司法解釋第59條規定：「當事人辦理抵押物登記手續時，因登記部門的原因致使其無法辦理抵押物登記，抵押人向債權人交付權利憑證的，可以認定債權人對該財產有優先受償權。但是，未辦理抵押物登記的，不得對抗第三人。」由此可見，未經登記的抵押權不具有公信力。未登記抵押權，必然會對貸款安全造成現實的威脅，必須通過一定的救濟手段加以彌補，比如協商變更擔保方式等。

【21】中國存單質押擔保境外借款法律分析

　　境內企業或自然人的存單直接質押給境外銀行,擔保境外企業的借款,從中國《跨境擔保外匯管理規定》來說是可行的。同時根據中國《物權法》的規定,質權自權利憑證交付質權人時設立,即意味著只要出質人將中國大陸存單交付給質權人,質權即設立。

　　然而,事實狀況卻是:如果出質人在交付質押的存單後,又至存款行申請存單掛失補辦,在境外貸款銀行無法向境內存款行申請核押、辦理登記止付手續的情況下,以大陸存單擔保境外債權的方式實際上是沒有任何保障的。

　　目前,對於大陸境內銀行接受國內單位(企業、事業單位、社會團體以及其他組織)定期存單質押貸款活動,可以適用中國銀監會公布的《單位定期存單質押貸款管理規定》;對於境內銀行接受境內自然人的定期存單質押貸款者,可以適用銀監會公布的《個人定期存單質押貸款辦法》。但對於境外銀行接受大陸存單貸款,無任何明文規定,因此可能存在前述無法辦理登記止付,進而造成存單控制權旁落的風險。

　　但這可以比照境內單位存單質押的方式來降低風險,即借款人向貸款人提供《開戶證實書》、存款人在存款行的預留印鑒或密碼,以及委託貸款人向存款行申請開具單位定期存單的委託書,貸款人審查同意貸款申請的,將前述資料提交給存款行辦理驗單手續,存款行審核無誤後,保留開戶證實書及《貸款質押擔保承諾書》,並開出單位定期存單確認書,同時,由存款行負責人在《單位定期存單》和《單位定期存單確認書》簽名並加蓋存款行公章,證明存單內容的真實性。這種「存款行對存單的真實性和質押行為予以確認」的過程,即為「存單核押」,根據中國《最高人民法院關於適用〈中華人民共

和國擔保法〉若干問題的解釋》第100條：「以存款單出質的，簽發銀行核押後又受理掛失並造成存款流失的，應當承擔民事責任。」此時，境外銀行接受了境內存款行核押的存單，則風險相對較小。

還有一種情形，即臺灣自然人持有的境內存單質押。對此，銀行應當審核境內資金來源的合法性，以防止擔保人將境內來源不合法的資金，通過擔保履約方式償還擔保項下債務。這種「在明知擔保履約義務確定發生的情況下簽訂跨境擔保合同」的情況，屬於中國《跨境擔保外匯管理規定》明確禁止的行為。對此，一旦銀行接受，將存在因履約資金來源不合法，導致存單資金無法匯出以清償境外債務的可能性。

此外，仍須考慮的是，如果存單的兌現日期先於境外主債權到期，雖然中國《物權法》允許質權人兌現或提存，但境外質權人如何辦理兌現或提存？兌現的價款用於提前清償債務時，資金如何匯出？這些困擾，實務中目前均沒有明確的規定。

【22】涉外案件應如何約定管轄？

　　從中國《民事訴訟法》的規定來看，民事訴訟案件的管轄主要分為級別管轄、地域管轄、移送管轄和指定管轄四大類，其中移送管轄和指定管轄，是法院之間發生的管轄權的變動，司法實踐中爭議點主要發生在地域管轄。

　　對於合同糾紛案件的管轄，主要為《民事訴訟法》第23條和34條的規定。

一、法定管轄

　　根據中國《民事訴訟法》第23條：「因合同糾紛提起的訴訟，由被告住所地或者合同履行地人民法院管轄。」因此在當事人雙方之間沒有協議管轄或者協議管轄無效時，則適用此條。

二、協議管轄

　　中國《民事訴訟法》第34條：「合同或者其他財產權益糾紛的當事人可以書面協議選擇被告住所地、合同履行地、合同簽訂地、原告住所地、標的物所在地等與爭議有實際聯繫的地點的人民法院管轄。」

　　必須注意以下幾點：

　　1. 當事人協議約定的管轄法院不屬於《民事訴訟法》第34條規定的地點，而是與合同無任何關聯的法院，這樣的約定無效。

　　2. 如果當事人在協議中同時選擇了兩個或兩個以上的法院管轄，則該管轄協議無效。

　　3. 協議約定的管轄法院不得違反級別管轄的規定，具體可以參考中國《最高人民法院關於調整高級人民法院和中級人民法院管轄

第一審民商事案件標準的通知》（2008年2月3日實施）、《全國各省、自治區、直轄市高級人民法院和中級人民法院管轄第一審民商事案件標準》（2008年4月1日實施）。

4. 協議約定的管轄法院不得違反專屬管轄的規定，即因不動產糾紛提起的訴訟，由不動產所在地人民法院管轄；因港口作業中發生糾紛提起的訴訟，由港口所在地人民法院管轄；因繼承遺產糾紛提起的訴訟，由被繼承人死亡時住所地或者主要遺產所在地人民法院管轄。

5. 中國最高人民法院關於適用《中華人民共和國擔保法》若干問題的解釋第129條：「主合同和擔保合同發生糾紛提起訴訟的，應當根據主合同確定案件管轄。擔保人承擔連帶責任的擔保合同發生糾紛，債權人向擔保人主張權利的，應當由擔保人住所地的法院管轄。主合同和擔保合同選擇管轄的法院不一致的，應當根據主合同確定案件管轄。」因此實務中，特別是對銀行借款案件的審理，對於不動產抵押合同在管轄上遵循「從合同隨主合同」管轄原則，即可以不受不動產所在地法院管轄限制。

在選擇涉外案件管轄時，依據《民事訴訟法》第34條：「合同或者其他財產權益糾紛的當事人可以書面協議選擇被告住所地、合同履行地、合同簽訂地、原告住所地、標的物所在地等與爭議有實際聯繫的地點的人民法院管轄。」因此，若債務人之住所地、標的物所在地、原告住所地等重要牽連因素都指向臺灣，可協議由臺灣法院管轄。

如果中國大陸地區分行與境內債務人簽訂授信合約，境內債務人的住所地在大陸，標的物（即境內債務人的財產）也位於大陸，而「大陸地區分行」住所地也在大陸，並無涉外（臺）因素，此類業務若約定以臺灣法律為準據法並在臺灣法院管轄，取得的判決將無法得

到大陸法院的認可。但若是大陸地區分行與境內債務人（外商投資企業）簽訂外債合同，接受臺灣自然人（或臺灣企業）做為連帶保證人，則保證合同可以約定以臺灣法律為準據法並在臺灣法院管轄，或者是大陸地區分行對臺灣個人授信，也可以約定以臺灣法律為準據法並在臺灣法院管轄。

　　針對債務人、擔保人財產主要在大陸的情形，則建議約定適用大陸法律並在大陸法院訴訟。

【23】擔保授信與無擔保授信
　　　對中國資產求償的法律分析

　　所謂擔保，即指當債務人不履行債務時，擔保人按照約定履行債務或者承擔責任的行為。目前，法律明確的擔保形式主要是保證、抵押、質押、留置、定金，其中保證、抵押和質押是銀行融資中最常見的擔保方式。

　　對於無擔保授信，一旦債務人不履行債務，若協商未果，則債權人只能起訴債務人，取得生效判決後，以強制執行方式對債務人的財產進行拍賣、變賣。若該債務人同時存在其他債權人，對於沒有設定抵押權、質押權的債權人而言，其法律地位上屬於一般債權人，按照債權比例分配債務人的財產。

　　對於擔保授信的受償，則必須區分以下兩種情形：

　　第一，對於一般保證，保證人在主合同糾紛未經審判或者仲裁，並就債務人財產依法強制執行仍不能履行債務前，對債權人可以拒絕承擔保證責任（即先訴抗辯權）；對於連帶責任保證，則債權人可以要求債務人履行債務，也可以要求保證人在其保證範圍內承擔保證責任。因此在這兩種不同的保證方式下，求償方式也不同，在一般保證情形下，根據中國最高人民法院《關於適用〈中華人民共和國民事訴訟法〉若干問題的意見》第53條：「因保證合同糾紛提起的訴訟，債權人向保證人和被保證人一併主張權利的，人民法院應當將保證人和被保證人列為共同被告；債權人僅起訴保證人，除保證合同明確約定保證人承擔連帶責任的外，人民法院應當通知被保證人做為共同被告參加訴訟；債權人僅起訴被保證人的，可只列被保證人為被告。」即債權人可以一併起訴債務人和一般保證人，但在判決後的實質履行必須遵循債務人優先的順序，即只有對債務人財產依法強制執

行後仍不能履行債務時，由一般保證人承擔保證責任。對於連帶保
證，債權人也可以將債務人和保證人做為共同被告一併起訴，這樣比
單獨起訴債務人或保證人更為有利，既能避免多次訴訟，又能及時執
行債務人或保證人的財產。

　　第二，對於有抵押或質押擔保者，則銀行做為債權人，對抵押
或質押財產享有優先受償權，即雙方協議以抵押財產，或質物折價，
或者以拍賣、變賣該抵押或質押財產所得的價款，優先受償。若雙方
無法協商一致，債權人也可直接以抵押人或質押人為被申請人，向擔
保財產所在地或擔保物權登記地基層法院，提出實現擔保物權的申
請。由於實現擔保物權屬於特別程序，因此一般在立案之日起30日
內或者公告期滿後30日內審結，且實行一審終審。一旦法院裁定拍
賣、變賣擔保財產，擔保權人可以依據該裁定向法院申請強制執行。
當然，如果法院裁定駁回申請，債權人仍可以向法院提起訴訟。

　　此外，在向擔保人求償時，如果存在混合擔保情形，則根據中
國《物權法》的規定，按如下方式處理：

混合擔保情形	處理結果
同一債權既有保證人，又有債務人提供的物的擔保。	債權人只能先行使擔保物權以受償債權，而後在不能完全受償的餘額範圍內，再向保證人主張，即保證人僅對物的擔保以外的債權額承擔保證責任。
同一債權既有保證人，又有第三人提供的物的擔保。	債權人可以自行選擇要求實現物的擔保或者人的保證。
同一債權既有保證人，又有債務人提供的物的擔保和第三人提供的物的擔保。	債權人應當要求債務人先就物的擔保實現債權，對於未受清償部分，債權人可以自行選擇要求保證人承擔保證責任，或者要求第三人就物的擔保實現債權。

第二篇

跨境擔保

【24】跨境擔保外匯新規解析

　　中國外匯局5月19日發布了《跨境擔保外匯管理規定》（匯發[2014]29號），6月1日起實施。29號文大幅放寬了內保外貸的外匯限制性規定。

1. 明確內保外貸的定義

　　只有擔保人註冊地在境內、債務人和債權人註冊地均在境外的跨境擔保，才屬於29號文規範的內保外貸。境內個人的跨境擔保參照企業辦理。

2. 取消銀行融資性對外擔保額度限制

　　之前銀行只能在中國外匯局核定的對外擔保餘額指標內，提供融資性對外擔保。29號文則取消了這一限制，銀行可自行對外提供融資性對外擔保，不再有額度限制，僅須通過資料介面程序或其他方式，向外匯局報送內保外貸業務相關資料即可。

3. 企業跨境對外擔保由逐筆核准改為登記制

　　29號文規定，中資、外資企業跨境對外擔保由之前的外匯局逐筆核准，改為登記制。企業須在簽訂對外擔保合同後的15個工作日內，至企業所在地的外匯局進行內保外貸簽約登記。須注意的是，內保外貸簽約登記是發生擔保履約時，境內擔保人對外匯出履約款的必經程序。

4. 放開企業跨境對外擔保對象等限制

　　29號文全面放開境內企業跨境對外擔保對象限制，境內企業可以為境外母公司、子公司、關聯公司或無任何股權關係的境外主體，提供擔保，同時29號文還取消了對債務人淨資產、盈利條件等方面的限制。

　　部分台商大陸境內資產沒有歸入自身名下（人頭代持），或大

陸境內投資的企業與境外公司無股權關係，現均可利用這些境內資產為境外主體提供擔保，在境外獲得借款。

5. 明確內保外貸項下資金用途

29號文增加了內保外貸項下資金用途的規定，規定內保外貸項下資金只能用於債務人正常經營範圍內的相關支出，不得用於支持債務人從事正常業務範圍以外的相關交易，不得虛構貿易背景進行套利，或進行其他形式的投機性交易。

6. 該項下資金的回流規定

內保外貸項下資金，從原規定的「不得回流」，更改為「未經外匯局批准，不得回流」。

除原規定的內保外貸項下資金不得以借貸、股權投資或證券投資等形式，直接或通過第三方間接調回境內使用外，29號文還特別增加了不能使用以下方式回流：

（1）債務人使用擔保項下資金向境內機構預付貨物或服務貿易款項，且付款時間相對於提供貨物或服務的時間提前超過1年。

（2）預付款金額超過100萬美元及買賣合同總價30%。

須特別注意的是，境內企業為自身債務提供跨境對外擔保，台籍個人用境內資產提供跨境對外擔保，均不屬於29號文定義的內保外貸形式，其在境外獲得的借款可通過合法途徑回流境內。企業或台籍個人也無須辦理跨境對外擔保的簽約登記，在發生履約時，可直接匯出履約款項。

29號文實施後，銀行對外擔保額度將不再有限制，中資、外資企業均可自行簽訂跨境對外擔保合同，將大大增加企業境外融資的便利。

【25】匯發[2013]29號文定義的內保外貸概念

　　跨境擔保，是指擔保人向債權人書面做出的，具有法律約束力，承諾按照擔保合同約定履行相關付款義務，並可能產生資金跨境收付或資產所有權跨境轉移等國際收支交易的擔保行為。內保外貸，是指擔保人註冊地在境內，債務人和債權人註冊地均在境外的跨境擔保，採用「屬人不屬地」原則，僅須確認擔保人、債務人、債權人的註冊地，而無須確認物權歸屬地。按照上述原則，擔保人既可用大陸境內資產，也可用境外資產對外擔保。常見的內保外貸模式為：

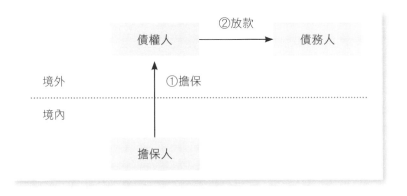

　　擔保人包括境內個人、境內銀行、境內非銀行金融機構或企業（以下簡稱為非銀行機構）。對於境內企業而言，無論是中資企業還是外資企業，都可以做為擔保人對外擔保。境內銀行、境內非銀行金融機構應具有相應擔保業務經營資格，否則不能做為內保外貸的擔保人。自2014年6月1日起，境內銀行做為擔保人對外擔保已無額度限制，出於規避風險的考慮，會要求境內反擔保人向境內銀行提供擔保，擔保物通常包括不動產、應收帳款、銀行存款、銀行承兌匯票等。

擔保人可用不動產等，向境外債權人提供擔保。目前並不是大陸所有地區的不動產都可向境外債權人提供擔保，經瞭解僅有北京、上海、廣州、深圳、廈門、東莞等地的不動產，可直接抵押設定給境外債權人。由於其他區域相關管理部門不允許不動產直接抵押設定給境外債權人，此種情況下須境內企業將不動產向境內銀行提供反擔保，境內銀行做為擔保人向境外債權人提供擔保。債權人可以是境外個人、境外金融機構、境外企業，債務人為境外企業。

內保外貸主要包括以下流程：

1. 內保外貸登記

擔保人可與債務人自行簽訂擔保合同，但不得在明知或者應知擔保履約義務確定發生的情況下簽訂合同。擔保人為非銀行機構時，應在簽訂擔保合同後15個工作日內，到所在地外匯局辦理內保外貸簽約登記手續；若擔保合同或擔保項下債務合同主要條款發生變更（包括債務合同展期以及債務或擔保金額、債務或擔保期限、債權人等發生變更），應在15個工作日內辦理內保外貸變更登記手續。

擔保人為境內銀行時，銀行應通過資本項目程序或其他方式，向外匯局資本項目信息系統報送內保外貸相關資料。同一內保外貸業務下存在多個境內擔保人時，可自行約定其中一個擔保人到所在地外匯局辦理登記手續。

2. 擔保履約及債權登記

內保外貸發生履約時，擔保人為非銀行機構者，非銀行機構可憑加蓋外匯局印章的擔保登記文件，直接到銀行辦理擔保履約項下對外支付，擔保履約後15個工作日內，到所在地外匯局辦理對外債權登記；擔保人為境內銀行時，可自行辦理擔保履約項下對外支付及債權登記，其擔保履約資金可以來源於自身向反擔保人提供的外匯墊款、反擔保人以外匯或人民幣形式交存的保證金，或反擔保人支付的其他

款項。反擔保人可憑擔保履約證明文件，直接辦理購匯或支付手續。

擔保人辦理內保外貸業務時，應對債務人主體資格、擔保項下資金用途、預計的還款資金來源、擔保履約的可能性及相關交易背景，進行審核，對是否符合境內、外相關法律法規進行盡職調查，並以適當方式監督債務人按照其申明的用途使用擔保項下資金。內保外貸項下資金僅用於債務人正常經營範圍內的相關支出，值得注意的是，內保外貸獲得的資金未經外匯局批准，不得以債權、股權的形式將擔保項下資金直接或間接調回大陸境內使用。

【26】匯發 [2013] 29號文定義的外保內貸概念

　　外保內貸，是指擔保人註冊地在境外，債務人和債權人註冊地均在境內的跨境擔保，採用「屬人不屬地」原則，僅須確認擔保人、債務人、債權人的註冊地，而無須確認物權歸屬地。按照上述原則，擔保人既可用境外資產，也可用大陸境內資產提供擔保。常見的外保內貸模式為：

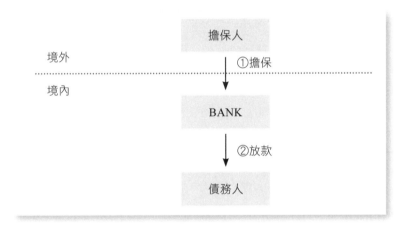

　　擔保人包括境外個人、境外企業、境外銀行等。境外企業可做為擔保人直接向債權人提供擔保，也可做為反擔保人向境外銀行提供擔保。在境外銀行、境外企業都可以做為擔保人的前提下，出於規避風險的考慮，債權人易接受境外銀行做為擔保人。若境外銀行為擔保人時，境外反擔保人既可用境外資產，也可用大陸境內資產提供擔保。考慮到未來履約時擔保資產處置的便利，實務中境外銀行易接受境外反擔保人的境外資產提供擔保。

　　外保內貸中，境內債權人必須為境內金融機構。境內企業向債權人申請辦理外保內貸業務時，應向債權人真實、完整地提供其已辦

理外保內貸業務的債務違約、外債登記及債務清償情況。

除上述常見的外保內貸模式外，境外企業可在大陸境內金融機構開立NRA帳戶，境外企業將資金存入NRA帳戶，並以帳戶內資金向境內金融機構提供擔保，境內金融機構憑此擔保向債務人放款。

外保內貸主要包括以下流程：

1. 外保內貸登記

擔保人可與債務人自行簽訂擔保合同，但不得在明知或者應知擔保履約義務確定發生的情況下簽訂合同。境內金融機構做為債權人，發生外保內貸後，須向中國外匯局的資本項目系統集中報送外保內貸業務資料。

2. 擔保履約及債務登記

外保內貸發生履約後，境內債務人應在擔保履約後15個工作日內，到所在地外匯局辦理短期外債簽約登記及相關信息備案；境內債權人可直接與境外擔保人辦理擔保履約收款，債務人在償清其對境外擔保人的債務之前，未經外匯局批准，境內債務人應暫停簽訂新的外保內貸合同；已經簽訂外保內貸合同但尚未提款或全部提款的，未經所在地外匯局批准，應暫停辦理新的提款。

境內債務人因外保內貸項下擔保履約形成的對外負債，其未償本金餘額不得超過其上年度末經審計的淨資產數額。超出上述限額的，須占用其自身的外債額度；外債額度仍然不夠時，按未經批准擅自對外借款進行處理。外匯局在外債簽約登記環節，對債務人外保內貸業務的合規性，進行事後核查。發現違規的，在將違規行為移交外匯檢查部門後，外匯局可為其辦理外債登記手續。

境內債權人辦理外保內貸履約，若擔保履約資金與擔保項下債務提款幣種不一致而必須辦理結匯或購匯，應由其分行或總行匯總自身及下屬分支機構的擔保履約款，向其所在地外匯局集中提出申請。

債權人簽訂貸款擔保合同時無違規行為者，外匯局可批准其擔保履約款結匯或購匯；若屬於未辦理債權人集中登記等程序性違規，外匯局可先允許其辦理結匯或購匯，再依據相關法規進行處理；若屬於超出現行政策許可範圍等實質性違規，且應當承擔相應責任的，外匯局應先移交外匯檢查部門，然後再批准其結匯或購匯。

【27】其他形式的跨境擔保解析

中國《跨境擔保外匯管理辦法》（匯發[2014]29號）將不符合內保外貸或外保內貸定義的跨境擔保，歸入其他形式的跨境擔保。其他形式的跨境擔保與內保外貸、外保內貸，在外匯管理及履約款項收付上有所差異。

一、其他形式跨境擔保的概念

29號文將不符合內保外貸、外保內貸定義的跨境擔保，均歸入其他形式跨境。

比如中國境內企業將境內不動產抵押給境外銀行，為自身債務提供擔保，或為境內其他關聯方的債務提供擔保，由於擔保人及債務人均在境內，只有債權人在境外，不屬於29號文規定的內保外貸模式，而屬於其他形式的跨境擔保。再比如，境外個人將持有的境內不動產直接抵押給境外銀行，為自身或其他公司債務提供擔保，由於境外個人不屬於29號文規定的境內擔保人，因此這種擔保同樣不屬於內保外貸，屬於其他形式的跨境擔保。

必須注意的是，29號文只是對內保外貸項下境外取得的借款回流有所限制，其他形式的跨境擔保在境外取得的資金可以正常回流至境內使用。

二、其他形式跨境擔保的外匯管理

與內保外貸要求擔保人須在簽約後15個工作日內至外匯局辦理內保外貸外匯登記、外保內貸須境內放款銀行按期至外匯局登記不同，根據29號文的規定，其他形式的跨境擔保由擔保人自行簽約，簽約後也無須至外匯局進行跨境擔保登記。

如境外取得借款以外債方式回流境內使用，則境內企業必須根據外債管理辦法的規定進行外債登記。

三、其他形式跨境擔保的履約款項收付

29號文對其他形式的跨境擔保如發生履約，規定如下：

1.除另有明確規定外，境內擔保人或境內債權人申請匯出或收取擔保履約款時，可直接向境內銀行提出申請；銀行在審核擔保履約真實性、合規性並留存必要資料後，擔保人或債權人可以辦理相關購匯、結匯和跨境收支。

2.擔保人在境內、債務人在境外，擔保履約後構成對外債權的，應當辦理對外債權登記；擔保人在境外、債務人在境內，擔保履約後發生境外債權人變更的，應當辦理外債項下債權人變更登記手續。

3.境內擔保人向境內債權人支付擔保履約款，或境內債務人向境內擔保人償還擔保履約款時，因擔保項下債務計價結算幣種為外幣而付款人必須辦理境內外匯劃轉的，付款人可直接在銀行辦理相關付款手續。

根據上述規定，其他形式的跨境擔保履約後須匯出或收取款項的，銀行必須審核擔保履約真實性、合規性並留存必要資料後，才能為擔保人或債權人辦理相關購匯、結匯和跨境收支。如銀行未按上述規定進行審核，將會被中國外匯局責令限期改正，沒收違法所得，並處20萬元以上100萬元以下的罰款；情節嚴重或者逾期不改正的，由外匯管理機關責令停止經營相關業務。

【28】內保外貸資金回流限制解析

29號文對內保外貸項下境外融資所得資金調回境內使用，進行了限制，但沒有禁止調回境內使用。

一、未經中國外匯局批准，不能調回境內使用的情形

1. 不能以對境內企業股權投資、證券投資或以外債方式調回境內使用。

但如果擔保人為自身債務提供擔保，或為境內債務人的外債提供擔保，不屬於29號文規範的內保外貸，因此在境外取得的資金可以透過投註差外債，或前海、昆山、上海自貿區、蘇州工業園區等地的跨境人民幣借款方式，調回境內使用。

2. 用於直接或間接獲得境外標的公司的股權，且標的公司50%以上資產在境內。

這裡須注意的是，50%是資產概念而不是股權概念。假設使用內保外貸資金收購一家境外公司，該公司控制境內一家企業10%的股權，如該境外公司自身無任何資產，則就符合上述50%以上資產在境內的規定，屬於禁止調回境內使用的情形。

3. 用於償還債務人自身或境外其他公司承擔的債務，而原融資資金曾以股權或債權形式直接或間接調回境內。

假設台籍個人將臺灣的資產抵押，從臺灣的銀行借款後投資在境內成立一家公司，用該公司的註冊資本金購買了辦公房，再將該辦公房抵押，在境外借款歸還之前臺籍個人用於資本金投資的借款，這種情形同樣屬於禁止行為。

二、貿易項下調回境內使用限制

內保外貸項下資金，用於支付境內貨款或服務款，只要不同時符合下列規定，就可調回境內使用：

1. 付款時間相對於提供貨物或服務的時間提前超過1年；

2. 預付款金額超過100萬美元及買賣合同總價30%（出口大型成套設備或承包服務時，可將已完成工作量視同交貨）。

因此，如境內企業有境外採購、銷售業務，可考慮將境內企業資產直接跨境擔保抵押，或抵押給境內銀行開立Standby L／C給境外銀行，為境外公司融資提供擔保，融資資金再由境外公司代境內企業採購、銷售的方式，調回境內使用。

三、境內擔保人須注意的外匯風險

境外借款人將款項違規調入境內使用，除會被要求改正外，境內擔保人會被中國外匯局處以違法金額的罰款。

目前台資銀行境內分行做為境內擔保人的跨境擔保業務，一般均為開立Standby L／C給境外分行的模式，境內分行可要求境外分行對境外借款人的相關信息進行調查，對貸款資金用途進行監督，提交境外借款人的相關資料給境內分行保存，避免上述風險發生。

【29】內保外貸項下資金用途解析

中國匯發[2014]29號文規定，內保外貸所取得的境外資金未經批准不得回流境內使用，然而大多數台商進行內保外貸的目的，就是想在境外取得低成本資金後，匯回境內使用。礙於上述限制，便衍生出將內保外貸資金先存入在中國大陸境內銀行開立的NRA帳戶中，再以NRA帳戶中的人民幣資金質押擔保大陸境內台資企業借款的實務作法，由於大陸銀行目前急需人民幣存款，所以也願意給予台商遠低於市面上人民幣貸款利率的優惠條件。

其實29號文已強調，對於內保外貸所取得的境外資金，不准許以股權、債權或證券投資等方式直接或間接回流大陸境內，違反內保外貸境外資金用途規定者，若境內擔保人須負有責任時，有可能會遭外匯局處罰。

內保外貸所取得的境外資金，29號文對資金用途進行了限制，歸納如下：

1. 只能用於境外借款人正常生產經營支出。

內保外貸項下所取得的境外借款，限制只能用於境外債務人自身正常生產經營支出，境外債務人不能用來從事正常業務範圍以外相關交易，更不能虛構貿易背景進行套利。

2. 若用於直接或間接獲得境外公司股權，而目標公司50%以上資產在大陸境內者也受限制。

所謂50%，指的是資產概念而不是股權概念。舉例來說，如果使用內保外貸資金收購某境外公司，而該境外公司所有資產只是控制大陸境內一家企業10%的股權，則對這家被收購的境外公司來說，等於是100%的資產都落在大陸境內，當然就屬於上述所謂50%以上資產落在大陸境內的限制範圍中。

3. 內保外貸取得資金的境外投資行為，必須符合中國對外投資規定。

中國對外投資規定，主要是依據發改委《境外投資項目核准和備案管理辦法》。

4. 為境外債務人境外發行的債券進行擔保。

如果內保外貸項下為境外債務人境外發行的債券進行擔保，則境外債務人必須是境內直接或間接持股（無須控股，持有股份即可），而且境外債券發行收入，應用於與境內機構存在股權關聯的境外投資項目，且必須已按規定獲得大陸境外投資主管部門核准、登記、備案或確認，才合乎規定。

5. 有條件的放開以貿易方式回流。

內保外貸項下的資金，如果是用於支付大陸境內貨款或服務款項，只要不同時符合下列規定，就可以合法調回大陸境內使用：

（1）付款時間相對於提供貨物或服務的時間提前超過1年。

（2）預付款金額超過100萬美元及買賣合同總價30%（如果是出口大型成套設備或承包服務，則可將已完成工作量視同為交貨）。

最後，根據29號文規定，擔保人在辦理內保外貸業務時，須對債務人主體資格、擔保項下資金用途、預計還款資金來源、擔保履約可能性及相關交易背景等，進行審核，對是否符合大陸境內境外法律法規進行盡職調查，還須以適當方式監督債務人是否按照申明的用途使用擔保項下資金，如果境外債務人違反29號文資金用途限制，外匯局雖無法直接找到境外債務人，但會追究境內擔保人責任，甚至可處以違法金額30%以下罰款。

【30】外保內貸項下境內借款能否結匯、購匯

中國《跨境擔保外匯管理規定》（匯發[2014]29號）大幅放開了外保內貸管理，中資企業無須中國外匯局事先審批即可辦理外保內貸。一旦發生擔保履約，未償本金餘額未超過境內債務人上年度經審計的淨資產金額的部分，不占用債務人的短期外債額度。這無疑大大方便了境內銀行外保內貸業務的開展。

實務中，境外擔保履約幣種可能會與境內銀行貸款幣種不一致，或境內借款人借款後有幣種轉換需求，而需要將借款進行結匯或者購匯。

一、擔保履約款項的結匯、購匯

根據29號文的規定，外保內貸發生擔保履約，如擔保履約資金與擔保項下債務提款幣種不一致而必須辦理結匯或購匯，應當向外匯局提出申請。金融機構辦理境外擔保履約款結匯（或購匯）業務，由其分行或總行匯總自身及下屬分支機構的擔保履約款結匯（或購匯）申請後，向其所在地外匯局集中提出申請。

金融機構提出的境外擔保履約款結匯（或購匯）申請，由外匯局資本項目管理部門受理。金融機構做為債權人簽訂貸款擔保合同時，無違規行為者，外匯局可批准其擔保履約款結匯（或購匯）。若金融機構違規行為屬於未辦理債權人集中登記等程序性違規者，外匯局可先允許其辦理結匯（或購匯），再依據相關法規進行處理；金融機構違規行為屬於超出現行政策許可範圍等實質性違規，且金融機構應當承擔相應責任者，外匯局應先移交外匯檢查部門，然後再批准其結匯（或購匯）。

根據上述規定，擔保履約款項的結匯或購匯，須金融機構向外

匯局提出申請，經外匯局批准後方可進行。

二、借款人將借款進行結匯、購匯

1. 外匯借款結匯

根據中國《國家外匯管理局關於實施〈境內外資銀行外債管理辦法〉有關問題的通知》（匯發[2004]59號）的規定，中、外資金融機構發放的國內外匯貸款，除出口押匯外，不得結匯。

因此，借款人通過外保內貸在境內銀行取得的外幣借款，除出口押匯外，是不能進行結匯的，只能用於外幣支付。

2. 人民幣借款購匯

外保內貸項下境內人民幣借款能否購匯，29號文並沒有明訂。根據《中國人民銀行關於改進外匯擔保項下人民幣貸款管理的通知》（銀發[1999]223號）第3條規定：「外匯擔保人民幣貸款可用於滿足固定資產投資和流動資金需求，但不得用於購匯。」

223號文第1條對「外匯擔保項下人民幣貸款」定義如下：

「本通知所稱『外匯擔保項下人民幣貸款』，指由境外金融機構或境內外資金融機構（以下簡稱『外資銀行』）提供信用保證（含備用信用證）或由境內外商投資企業（包括中外合資、中外合作、外商獨資經營企業）提供外匯質押，由境內中資外匯指定銀行（以下稱『人民幣貸款行』）向境內外商投資企業（以下稱『借款人』）發放的人民幣貸款。」根據上述規定，外保內貸項下，境內銀行發放的人民幣貸款不能用於購匯。

另，目前人民幣貸款利率遠高於外幣貸款利率，企業需要外幣時，完全可通過外保內貸方式，直接在境內銀行取得外幣貸款用於外幣支付，而不用承擔較高的人民幣貸款利率。

【31】外保內貸新規的影響

中國外保內貸原政策中審核、批准手續較多,且對外保內貸額度控制較為嚴格。2014年5月19日中國外匯管理局頒布《關於發布〈跨境擔保外匯管理規定〉的通知》(匯發[2014]29號,以下簡稱29號文),對境內企業、境內外銀行的外保內貸業務影響如下。

一、可辦理外保內貸企業的範圍

之前,中資企業辦理外保內貸事前須向所在地外匯分局申請額度,實務中各地外匯分局核准外保內貸額度的難度,存在較大差異。中資企業的外保內貸額度,通常是規模較大的國有企業、上市公司比較容易獲得;對於小規模的中資企業而言,外保內貸只是「看得到、吃不到」。外資企業則無須向所在地外匯局申請額度,可直接向境內銀行辦理外保內貸。29號文取消了中資企業辦理外保內貸事前須向外匯分局申請額度的規定,意味著中資企業均可辦理外保內貸,有利於降低中資企業融資成本。對於境外銀行來說,則增加了承做中資企業業務的機會。

二、擔保履約

29號文取消了外保內貸擔保履約收款須外匯局批准的規定,境內銀行可直接向境外擔保人辦理擔保履約收款。但如果發生外保內貸履約,履約款項的幣種與原放款幣種不一致而須結購匯時,仍須外匯局核准。

三、外債登記

29號文規定,擔保履約後形成境內企業對外負債者,應辦理外

債登記。境內企業因外保內貸履約形成的對外負債,其未償本金餘額不超過其淨資產的1倍者,不占用外債額度;超出上述限額的,須占用其自身的外債額度;外債額度仍然不夠時,按未經批准擅自對外借款進行處理。中國外匯局除了給予警告外,還會處違法金額30%以下罰款。除常見的境外銀行向境內銀行開具保函,境內銀行據此向境內企業放款的模式外,台資銀行或大陸台商未來可增加的外保內貸模式則有:

1. 外籍個人持有境內資產,擔保境內企業借款

外籍個人將持有的大陸境內房產、存單等資產,抵押給境內銀行,擔保境內企業借款。29號文採用「屬人不屬地」原則,僅須確認擔保人、債務人、債權人的註冊地,而無須確認物權歸屬地。按照上述原則,擔保人雖然用境內房產、存單等資產抵押給境內銀行,由於是由外籍個人提供擔保,故仍屬於29號文定義的外保內貸。

2. NRA帳戶存款質押,擔保境內企業借款

境外企業可在大陸境內銀行開立NRA帳戶,將資金存入NRA帳戶,並將帳戶內資金質押給境內銀行提供擔保,境內銀行憑此擔保向境內企業放款。須注意,NRA帳戶中人民幣資金不占用境內銀行外債額度,但外幣資金占用境內銀行外債額度。

【32】境內個人跨境擔保分析

　　中國在《跨境擔保外匯管理規定》（匯發[2014]29號文）公布前，境內個人跨境擔保僅能依據《國家外匯管理局關於鼓勵和引導民間投資健康發展有關外匯管理問題的通知》（匯發[2012]33號），為支持企業「走出去」，境內企業為境外投資企業境外融資提供對外擔保時，允許境內個人做為共同擔保人，以保證、抵押、質押及擔保法規允許的其他方式，為同一筆債務提供擔保。

　　境內個人應當委託同時提供擔保的境內企業，向境內企業所在地外匯局提出擔保申請。若外匯局按規定程序批准境內企業為此筆債務提供對外擔保，則可在為企業辦理對外擔保登記的同時，為境內個人的對外擔保辦理登記。外匯局不對境內個人的資格條件、對外擔保方式和擔保財產範圍等具體內容，進行實質性審核。

　　中國外匯局在為境內企業辦理對外擔保登記時，可在該企業對外擔保登記證明中，同時註明境內個人為同一筆債務提供對外擔保的情況。境內個人辦理對外擔保履約時，所在地外匯局憑履行債務的相關證明文件辦理。

　　根據33號文的規定，境內個人對外擔保須向外匯局提出申請，經外匯局批准後才能進行，且提供擔保只能附加在境內企業的跨境擔保上，不能單獨對外提供擔保，如發生擔保履約，須外匯局核准後才能對外支付擔保履約款。

　　29號文則對境內個人對外擔保條件大幅放寬，規定境內個人對外擔保視同境內註冊企業辦理。其辦理步驟如下：

　　1. 境內個人可自行與境外機構簽訂跨境擔保合同。

　　2. 簽訂合同後的15個工作日內，境內個人提交關於辦理內保外

貸簽約登記的書面申請報告、擔保合同和擔保項下主債務合同等資料，至外匯局辦理跨境擔保登記。

3. 外匯局按照真實、合規原則，對境內個人的登記申請進行程序性審核，審核完畢後簽發加蓋外匯局印章的擔保登記文件。

4. 如發生擔保履約，境內個人可憑外匯局蓋章的擔保登記文件，直接至銀行辦理擔保履約項下購匯及對外支付。發生擔保履約後，境內個人還須在擔保履約後15個工作日內，到所在地外匯局辦理對外債權登記，並按規定辦理與對外債權相關的變更、註銷手續。

5. 債務人還清擔保項下債務、境內個人付款責任到期或發生擔保履約後，境內個人應在15個工作日內，到外匯局申請註銷相關登記。

29號文實施後，境內個人可單獨對外提供擔保，且無須外匯局審核。在境內個人按照規定進行對外擔保登記，發生履約後，可直接至銀行匯出履約款項。

須注意的是，目前境內個人對外債權登記尚未有可參考的法規，實務中，境內個人對外擔保的外匯登記還須參考各地外匯局意見進行。而外籍個人將持有的境內不動產抵押給境外銀行進行擔保，由於不屬於內保外貸，因此無須辦理外匯登記。

【33】跨境擔保，優化中國曝險部位

在中國大陸曝險總額度不變前提下，如何優化現有大陸曝險部位中的授信品質，才是臺灣的銀行面對「跨境擔保」新規定應採取的策略。

2014年6月1日起中國《跨境擔保外匯管理規定》全面實施，從大陸端來看，臺灣的銀行授信業務中，增提大陸擔保品或大陸保證人，已不再有任何限制，過去對外擔保須經外匯局審批或根本批不下來的時代，也走進歷史，對在大陸有放款業務的台資銀行來說，這次的「跨境擔保」新規定，絕對是近幾年來最重要，也是影響臺灣的銀行最深遠的中國法規。

眼前的事實是，由於臺灣官方規定臺灣的銀行對大陸總曝險額度，不得超過淨值的1倍，加上許多銀行的大陸曝險部位都已接近淨值，導致臺灣的銀行2014年以來承作大陸台商或涉及大陸曝險部位的放款業務意願不高。然而，臺灣的銀行不該從增加放款的衝業績業務角度，去理解此次的「跨境擔保」新規定，而是應該從目前處於大陸曝險部位的放款業務中，找出未提供任何擔保品的授信部分重新評估，看看能否利用此次「跨境擔保」新規定，要求借款企業提供大陸端的擔保品，以降低授信風險。

從中國官方的本意來看，「跨境擔保」新規定並不是鼓勵大陸企業以大陸的資產向境外多借錢，而是鼓勵大陸的擔保品、大陸企業的信用可以拿到境外擔保境外債務，正如上述所言，臺灣的銀行現有大陸曝險額度中，依據「跨境擔保」新規定，完全可要求新增大陸擔保品或大陸保證人做為還款保證，以達到增加債權確保的目的；也就是說，臺灣的銀行對大陸的授信，可以擁有比以前更多的債權確保選項，在同等條件下，臺灣的銀行可優先選擇有大陸擔保品或大陸保證

人的授信案，在大陸曝險總額度不變的前提下，進一步優化現有大陸曝險部位的授信品質，這才是臺灣的銀行面對「跨境擔保」新規定應採取的策略。

　　舉例來說，臺灣 A 銀行的香港分行，對某香港 B 上市公司進行授信，B 公司為投資控股公司，通過境外 C 公司、D 公司間接控股大陸 E 公司後才在香港上市。很明顯，該授信案的主要資產均在大陸境內，一旦 B 公司的貸款逾期，A 銀行能執行變現的主要財產，是 B 公司所持有的 C 公司股權，問題是這連不到實際資產所在企業 E 公司，甚至連 D 公司處置 E 公司股權也不受限制，若 A 銀行能在「跨境擔保」新規定實施後，要求新增 E 公司做為原授信案連帶保證人，同時取得 E 公司名下在大陸資產的抵押權，將可大大優化原本的授信品質，降低 A 銀行的授信風險。

　　常見的「內保外貸」，也就是大陸擔保、臺灣貸款，擔保人在大陸境內，債權人和債務人（借款人）均在大陸境外，套用 6 月 1 日的「跨境擔保」新規定後，有幾個重點值得臺灣的銀行特別注意：

　　1. 以後大陸境內個人和企業都可以操作「內保外貸」。

　　2. 大陸境內個人和企業只須做「內保外貸」的簽約登記手續，沒有金額和資格條件限制。

　　3. 大陸境內個人和企業在擔保履約時，只要到銀行辦理履約資金匯出即可，無須外匯局核准。

　　4. 大陸銀行（包含臺灣的銀行在大陸的分行）開 Stand by L／C 不再受對外擔保額度限制。

　　5.「內保外貸」在境外取得的資金仍不得回流大陸，若是擔保境外發債則有條件限制。

【34】內保外貸項下銀行操作重點

中國《跨境擔保外匯管理規定》（匯發[2014]29號文）取消了境內銀行跨境開立融資性保函的額度限制，但加重了銀行做為擔保人的責任。

一、擔保人資格、額度

根據29號文，境內銀行做為擔保人提供內保外貸，應具有相應擔保業務經營資格。若擔保人為外資銀行的大陸境內分行，提供對外擔保應獲得總行或總部授權。境內銀行若超出行業主管部門許可範圍提供內保外貸，將會被中國外匯局給予警告，並處違法金額30%以下的罰款。

二、盡職調查

29號文規定，境內銀行做為擔保人辦理內保外貸業務時，應對債務人主體資格、擔保項下資金用途、預計的還款資金來源、擔保履約的可能性及相關交易背景進行審核，對是否符合境內外相關法律法規進行盡職調查，並以適當方式監督債務人按照其申明的用途使用擔保項下資金。若境內銀行未進行上述審核以及盡職調查，將會被中國外匯局給予警告，並處違法金額30%以下的罰款。

境內銀行不得在明知或應知擔保履約義務確定發生的情況下，簽訂內保外貸合同，境內銀行若明知上述情況仍簽訂內保外貸合同，同樣會被外匯局給予警告，並處違法金額30%以下的罰款。境內銀行應根據境外企業的經營狀況、財務報表等資料評估還款能力，若評估境外企業無還款能力，則不能辦理該筆內保外貸業務。

境內銀行做為擔保人辦理內保外貸後，應當及時通過資料介面

程序或其他方式，向外匯局報送內保外貸業務相關資料。未及時登記的，外匯局會對銀行處30萬元以下的罰款。

另外，境外企業貸款的資金用途，也是須重點審核的事項之一，境外企業取得資金只能用於正常經營範圍內的相關支出，不得用於正常業務範圍以外的相關交易，不得虛構貿易背景進行套利，或進行其他形式的投機性交易，同時也不得通過向境內進行借貸、股權投資或證券投資等方式，將擔保項下資金直接或間接調回境內使用。若境外企業將擔保項下資金直接或間接調回境內使用，境內銀行做為擔保人將會被處違法金額30%以下的罰款；情節嚴重的，處違法金額30%以上等值以下的罰款。須注意的是，由於境內銀行對境外的資金用途等監控較為困難，29號文的要求是以適當方式監督債務人按照其申明的用途使用擔保項下資金。

三、擔保履約、債權登記

29號文規定內保外貸發生履約時，境內銀行可自行辦理對外支付，履約資金既可是境內企業交存的保證金，也可是境內銀行向境內企業提供的外匯墊款等。擔保履約後15個工作日後，境內銀行應至外匯局辦理對外債權登記，並按規定辦理與對外債權相關的變更、註銷手續。

【35】外保內貸項下銀行操作重點

常見的外保內貸業務模式為：境外企業做為反擔保人，其要求境外銀行做為擔保人向大陸境內銀行開具保證境內企業到期履行還款的融資性保函，境內銀行據此向境內企業放款。上述外保內貸業務模式中，大陸境內銀行操作重點如下：

一、合同審查

境內企業向境內銀行申請辦理外保內貸業務時，應真實、完整地向境內銀行提供其已辦理外保內貸業務的債務違約、外債登記及債務清償情況。境內銀行若發現境內企業之前的外保內貸合同存在尚未償清的擔保履約款，境內企業在未償清此擔保履約款前，境內銀行不能為境內企業辦理新的外保內貸業務。

境內銀行應按照合理商業原則，依據以下標準，判斷外保內貸對應的擔保合同是否具備明顯的擔保履約意圖：

1. 簽訂擔保合同時，境內企業是否具備足夠的清償能力或可預期的還款資金來源。

2. 擔保項下借款合同規定的融資條件，在金額、利率、期限等方面，與境內企業聲明的借款資金用途是否存在明顯不符。

3. 擔保當事各方是否存在通過擔保履約提前償還擔保項下債務的意圖。

4. 擔保當事各方是否曾經以境外銀行、境外企業或境內企業的身分，發生過惡意擔保履約或債務違約。

按照上述標準進行判斷時，若發現境內企業無足夠的還款能力，境外企業擔保履約確定發生的情況下，境內銀行不能為境內企業辦理外保內貸業務。

二、放款金額

　　境內企業若無法按合同約定向境內銀行還款，發生擔保履約後，境內企業則形成對外負債，其未償本金餘額若不超過其淨資產的1倍，不占用外債額度；超出上述限額的，須占用境內企業的外債額度；外債額度仍然不夠時，按未經批准擅自對外借款進行處理，境內企業除了將被中國外匯局給予警告外，還會被處違法金額30%以下罰款。

三、資金用途

　　通過外保內貸方式對境內企業放款時，境內企業所屬行業還是有所限定，例如高污染、高能耗的資源性的行業和產能過剩行業，例如光伏（編註：即Photovoltaics，太陽光電系統）、鋼貿（編註：指從事鋼材貿易的行業）、造船、水泥等，上述行業不能獲得境內銀行放款。境內銀行既可以用人民幣放款，也可以用外幣放款。另外，境內企業取得的資金，只能用於經營範圍內正常的生產經營開支或對外支付，而不能直接或間接用於委託貸款、證券投資等。

四、擔保登記

　　境內銀行做為債權人，發生外保內貸後，須向中國外匯局的資本項目系統集中報送外保內貸業務資料；外保內貸發生履約後，境內銀行應在15個工作日內，到所在地外匯局辦理短期外債簽約登記及相關信息備案。

　　綜上所述，外保內貸業務模式中的境內銀行操作重點，為境內企業是否具備足夠的清償能力或可預期的還款資金來源，另外，境外銀行開具的融資性保函到期可以履約，也是境內銀行審核的重點之一。

【36】利用跨境擔保進行貿易融資

中國《跨境擔保管理規定》（匯發[2014]29號文）實施後，境內企業無須外匯局審批即可辦理跨境擔保業務，方便了境內企業利用境內不動產擔保境外貿易融資的業務模式。

一、為境外關聯公司的貿易融資提供擔保

由於境內外匯管制等原因，很多台商都通過境外關聯公司為境內企業代採購、代銷售。境外公司一般都註冊在免稅地，也無資產可以抵押或質押，因此通過境外公司在境外銀行進行貿易融資，相對較難。境內跨境擔保開放後，境內企業可將境內不動產直接抵押給境外銀行，在境外銀行獲得貿易融資額度，境外公司可利用此額度開立信用證、海外代付或應收帳款保理等。相對應的，境內公司可通過預收貨款、延期付款等方式利用境外公司獲得的融資，降低資金成本。

須注意的是，通過這種方式進行貿易融資，境內企業貿易項下外匯收支仍須符合預收款超過30天或延期付款超過90天時，須進行報告等外匯管理的規定。另如預收帳款、延期付款餘額超過最近12個月的貨物出口額＋貨物進口額＋貿易收匯額＋貿易付匯合計金額的25%時，可能會引起中國外匯局的現場核查。

為境外關聯公司提供擔保，在境外取得融資，屬於29號文規定的內保外貸模式，境內企業在簽訂內保外貸合同後的15個工作日內，須至外匯局辦理相應的內保外貸外匯登記。

另，29號文規定，內保外貸取得的資金如同時符合下列條件，則不能在貿易項下回流境內使用：

1. 付款時間相對於提供貨物或服務的時間提前超過1年。

2. 預付款金額超過100萬美元及買賣合同總價30%（出口大型成

套設備或承包服務時，可將已完成工作量視同交貨）。

　　通過這種方式進行貿易融資，境內企業與境外關聯方進行關聯交易時，須注意交易價格的公允性，避免引起稅務風險。

二、為自身貿易融資提供擔保

　　境內企業可將不動產直接抵押給境外銀行，在境外銀行獲取貿易融資額度，在境外銀行開立信用證、代付貨款、應收帳款保理等。

　　這種模式，境內企業擔保的為自身債務，因此不屬於29號文規定的內保外貸，而是其他形式的跨境擔保，境內企業無須在外匯局辦理跨境擔保登記。境內企業仍須按照上述介紹的境內貿易項下的相關規定，進行預收或延期付款的報告。

　　對境外銀行來說，取得境內不動產抵押，與境內企業進行無追索權的應收帳款保理，現行的外匯法規並無障礙，但對有追索權的應收帳款保理，例如發生壞帳，境內企業如何匯出款項，現行的外匯法規並不明確。如果發生小額的應收帳款壞帳，境內企業可以以對境外賠款、折扣折讓等方式匯出；大額的應收帳款壞帳，則需要境內企業按照跨境擔保辦法中規定的其他形式跨境擔保項下匯出擔保履約款的方式，匯出款項給境外銀行。

【37】跨境擔保履約幣種轉換分析

中國《跨境擔保管理辦法》（匯發[2014]29號）對內保外貸、外保內貸及其他形式的跨境擔保，均進行了規範。對發生跨境擔保履約，需要從境外收款或支付境外款項時，履約幣種與擔保幣種、借款幣種不一致而須進行結匯或購匯的情況，也予以明確規定。

一、內保外貸項下

1. 擔保人為銀行

29號文規定，內保外貸項下如發生擔保履約，擔保人為銀行時，由銀行自行辦理對外支付手續，其擔保履約資金可以來源於自身向反擔保人提供的外匯墊款、反擔保人以外匯或人民幣形式交存的保證金，或反擔保人支付的其他款項。反擔保人可憑擔保履約證明文件，直接辦理購匯或支付手續。

根據上述規定，銀行做為擔保人的內保外貸項下發生擔保履約，如必須辦理購匯時，無反擔保人的，由銀行自行購匯支付；有反擔保人的，則須境內反擔保人根據擔保履約證明文件辦理購匯。

2. 擔保人為非銀行

根據29號文，擔保人為非銀行，發生擔保履約時，可憑加蓋中國外匯局印章的擔保登記文件，直接到銀行辦理擔保履約項下購匯及對外支付。在辦理國際收支間接申報時，須填寫該筆擔保登記時取得的業務編號。

另須注意，非銀行機構提供內保外貸後，未辦理登記但必須辦理擔保履約的，擔保人須先向中國外匯局申請辦理內保外貸補登記，然後憑補登記文件到銀行辦理擔保履約手續。外匯局在辦理補登記前，應先移交外匯檢查部門。根據規定，內保外貸未辦理登記的，會

被處以人民幣30萬元以下罰款。

二、外保內貸項下

根據29號文，金融機構辦理外保內貸履約，如擔保履約資金與擔保項下債務提款幣種不一致而必須辦理結匯或購匯時，應當向中國外匯局提出申請。

金融機構提出的境外擔保履約款結匯（或購匯）申請，由外匯局資本項目管理部門受理。金融機構做為債權人簽訂貸款擔保合同時，無違規行為的，外匯局可批准其擔保履約款結匯（或購匯）。若金融機構違規行為屬於未辦理債權人集中登記等程序性違規，外匯局可先允許其辦理結匯（或購匯），再依據相關法規進行處理；金融機構違規行為屬於超出現行政策許可範圍等實質性違規，且金融機構應當承擔相應責任的，外匯局應先移交外匯檢查部門，然後再批准其結匯（或購匯）。

金融機構申請擔保履約款結匯（或購匯），應提交以下文件：

1. 申請書。

2. 外保內貸業務合同（或合同簡明條款）。

3. 證明結匯（或購匯）資金來源的書面資料。

4. 債務人提供的外保內貸履約項下外債登記證明文件（因清算、解散、債務豁免或其他合理因素，導致債務人無法取得外債登記證明的，應當說明原因）。

5. 外匯局認為必要的其他證明資料。

上述資料中須特別注意第4，境內銀行必須在債務人辦妥外保內貸履約的外債登記後，才能向外匯局申請履約資金的結匯或購匯。如境外擔保人放棄對境內債務人的債權，境內債務人可不用辦理外債登記，但須提交相應的資料進行證明。

【38】跨境擔保涉及稅務問題解析

中國外匯管理局發布的《跨境擔保外匯管理規定》（匯發[2014]29號）開放了境內企業跨境擔保融資的外匯管理，對境內企業對外支付境外擔保費、收取境外擔保費等，均不再有限制，但收取或支付境外擔保費均會涉及境內的流轉稅及企業所得稅。

一、對外支付擔保費

29號文規定，境內企業對外支付擔保費，按照服務貿易外匯管理有關規定，直接向銀行申請辦理。

根據《國家外匯管理局關於印發服務貿易外匯管理法規的通知》（匯發[2013]30號），及《關於服務貿易等項目對外支付稅務備案有關問題的公告》（中國稅務總局、外匯管理局公告2013年第40號）的規定，單筆支付金額不超過等值5萬美元的擔保費，原則上銀行無須審核單據，但對於資金性質不明確的外匯收支業務，銀行應要求境內機構和境內個人提交交易單證，進行合理審查；單筆金額超過等值5萬美元的擔保費，銀行須審核稅務《備案表》、合同（協議）或發票（支付通知）或相關其他交易單據。

稅務《備案表》由境內企業至所在地國稅局辦理，資料齊全的，國稅局當場蓋章。公司憑稅務局蓋章的備案表，至銀行辦理擔保費的對外支付。主管國稅機關或地稅機關會在收到《備案表》後15個工作日內，對備案人提交的《備案表》及所附資料進行審查，並可要求備案人進一步提供相關資料。對外支付擔保費時，境內企業須替境外擔保人代扣代繳營業稅5%、企業所得稅10%，及相應的城市維護建設稅、教育費附加等附加稅費。附加稅費的稅率各地略有差異，一般約為營業稅的10%左右。

　　境內公司對外支付的擔保費，如與本公司應稅收入、投資、融資、材料採購、產品銷售等生產經營活動相關，則可在企業所得稅前列支擔保費用，否則不得稅前認列。

二、收取境外擔保費

　　境內企業為境外企業提供擔保，收取擔保費時，根據匯發[2013]30號文的規定，從境外收取擔保費，單筆金額等值5萬美金以下的，銀行原則上不審核單據，單筆金額等值5萬美金以上的，銀行須審核合同或發票等相關單據。

　　境內公司收取境外擔保費時，須按5%繳納營業稅及相應的城市維護建設稅、教育費附加等附加稅費，收取的擔保費計入當期的應納稅所得額中，計算繳納企業所得稅。

　　須注意的是，境內企業以現金定存或土地房產等資產提供擔保，透過「內保外貸」的形式為境外關聯公司取得貸款進行擔保，如境內企業支付了相應的資產評估費、銀行保函費用、手續費用等，該部分費用做為境內企業費用在企業所得稅前列支，未從境外公司收取，則稅務機關可以按照「實質重於形式」原則，從境內公司的資金來源、流出途徑、使用目的等方面，結合公司自身經營狀況，對交易進行調整，不允許企業列支與自身生產經營無關的費用。

　　境內擔保公司因境外被擔保公司破產清算等原因，發生擔保損失，該損失能否在企業所得稅前列支，稅法上尚無明確規定，實務中稅務局一般均不予列支。

【39】利用中國資產擔保，實現境外貿易融資

　　大陸台商向境外採購，境外大公司可能要求台商必須採用款到發貨的方式，對此，台商的資金壓力必然會增大。如何破解大陸台商弱勢而境外公司強勢的困境，以實現延長台商付款週期，緩解資金壓力，而境外公司發貨後可以立即收回款項的目的呢？

　　2014年6月開始執行的29號文《跨境擔保外匯管理規定》，對大陸擔保人的資格大幅開放，除境外發債融資外，取消了大陸擔保人對融資主體的股權限制和淨資產及盈利等條件。因此如果台商有足額的擔保品（包括大陸境內關聯方提供的擔保品）被境外供應商所接受，則可以考慮如下交易模式：

　　1. 大陸台商向境外供應商購買產品，在大陸採購方提供擔保品的前提下，境外供應商向大陸採購方提供一定數額的賒欠金額及帳期，大陸採購方可以在交貨並帳期到期時以T／T匯款的方式，向境外供應商支付。

　　2. 境外供應商將對大陸台商的應收帳款轉讓給境外銀行，由於目前中國外匯核銷政策只看金額不看對象，因此應收帳款轉讓後，當帳期屆滿時，大陸台商可以直接將貨款支付給境外銀行。

　　此種交易架構中，對於境外供應商而言，雖然表面上增加了相應的保理費用，但此費用完全可以與採購方談妥後加入到所銷售產品的價格中；而對於採購方而言，活用了資產，並利用境外成本較低的資金，減少了資金壓力。當然，對於境外銀行而言，最大的問題在於受讓了供應商的應收帳款後，採購方原來設定給供應商的抵押是否也同步進行轉讓。

　　對此，必須分兩種情況進行分析：

　　1. 如果供應商辦理的是最高額抵押權，即採購方對一定期間內

將要連續發生的買賣提供擔保品，則根據中國物權法的規定，必須先辦理最高額抵押權確定登記，當最高額抵押擔保的債權確定後，如進行債權轉讓，則最高額抵押權一併轉讓。

2. 如果供應商辦理的是一般抵押權，即採購方僅針對一筆買賣關係提供擔保品，則根據中國物權法的規定，如進行債權轉讓，擔保該債權的抵押權一併轉讓。

隨同債權一併轉讓的抵押權，原則上不須重新辦理登記手續，但必須注意的是，法律對於債權抵押權一併轉讓的規定有相關條款，即當事人另有約定的除外。如果抵押人（可能是第三人）為特定的債權人（供應商）設定抵押，抵押人與債權人約定，被擔保債權的轉讓未經其同意的，抵押權因轉讓而消滅，此種情況下則不會發生抵押權一併轉讓的法律效果。

若境外銀行對抵押權一併轉讓的法律效力有所顧慮，也可以在應收帳款轉讓協議中將此種債權轉讓定性為有追索權的轉讓，即當帳期屆滿，大陸採購方未向銀行支付貨款時，銀行可以向供應商反轉讓應收帳款，要求供應商回購應收帳款，最大限度地保障了銀行的利益。通過跨境擔保的設置，實現了三贏局面，既促成了買賣雙方的交易，銀行也增加了業務機會。

【40】臺灣居民中國不動產回臺抵押實務

　　臺灣的銀行已開始接受臺灣居民以在上海、東莞、廣州等地的不動產回臺灣抵押，由於臺灣居民屬於境外人士，不須辦理中國外匯局審批作業。

　　由於臺灣貸款利率低，加上官方對個人房產抵押取得的資金用途限制不多，造成在臺灣拿著自有房產去銀行抵押，再拿貸來的錢從事理財或投資，屬於稀鬆平常的事。不像在中國大陸，先不說大陸貸款利率高，大陸居民就算拿著個人房產去銀行抵押，取得的資金依規定只能做個人消費或留學等用途，更嚴格的是，資金不能直接進入個人帳戶，必須由銀行劃轉到對方帳戶中，正因為不能投資，也不能理財，再加上資金使用重重限制，造成臺灣居民在大陸購置的房產除了出租外，不能追求更高報酬率的使用。

　　目前已有臺灣的銀行接受臺灣居民在上海、東莞、廣州等地擁有的不動產拿回臺灣抵押，由於臺灣居民在大陸屬於境外人士，境外人士將在大陸的不動產做為境外借款的擔保品，依規定不屬於中國外匯局管轄範圍，所以不須外匯局審批，自然也不須辦理對外擔保登記。

　　臺灣的銀行接受臺灣居民以中國不動產做為境外借款的擔保品，借款人可以是臺灣居民本人、臺灣當地企業、境外企業，或是大陸有投註差、可辦理跨境人民幣借款的企業，台商只要在不動產所在地的土地、房屋或房地合一登記機關辦妥抵押登記，取得臺灣的銀行對該不動產抵押權已設立完成的證明文件，大陸端手續即告完成。

　　由於臺灣居民拿中國不動產所擔保的債權屬於境外債權人，按照抵押登記部門要求，必須辦理兩岸公認證，並提交一系列文件，單是抵押合同一項，就須經不動產所在地公證機關證明當事人身分合法

性，或是抵押合同內容的合法性，及簽字的真實性與效力，至於本人戶籍謄本、配偶同意書等，是否須經公證及兩岸認證的問題，由於大陸各地公證機關拿捏程度不一，最好在辦理前先與公證員確認。

實務中，臺灣的銀行最該小心如何預估抵押物處置的稅費，因為中國不動產處置涉及稅費種類多，計算複雜，不僅區分住宅、非住宅，連不動產已購置年限、升值幅度等，都會影響不動產出售時的實際稅負，有時對升值空間較大的非住宅房產，其稅負比例甚至可達日後銀行出售不動產金額的30%到40%。

簡單說，臺灣公證、兩岸認證、中國公證、抵押登記等，都是臺灣的銀行接受臺灣居民以中國不動產擔保境外借款程序中的主要重點，其他如大陸端的房產交易中心抵押登記手續、領取抵押登記他項權證、大陸律師針對整個融資案件出具抵押權已合法設定的法律意見書等，都會是臺灣的銀行最終能否放款的重要依據。

【41】跨境擔保違約求償外匯分析

　　跨境擔保中境內債務人主動履約，若外債本金部分在登記的外債還本金額內，直接在銀行辦理，對於利息部分，則根據中國稅務總局、外匯管理局公告2013年第40號《關於服務貿易等項目對外支付稅務備案有關問題的公告》，對於境外銀行從境內獲得的債務利息、境內機構和個人向境外單筆支付等值5萬美元以上（不含等值5萬美元）的外匯資金，應向所在地主管國稅機關進行稅務備案，完成稅務備案手續後，持主管國稅機關蓋章的《對外支付稅務備案表》，到銀行辦理付息審核手續；單筆等值5萬美元（含）以下的，原則上不須提供以上資料。

　　但跨境擔保中債務人違約，到期不能償還本息時，境外銀行對擔保人的求償資金如何匯出？

　　對於擔保人能主動履約的情況下，如果屬於內保外貸（即擔保人註冊地在境內、債務人和債權人註冊地均在境外的跨境擔保），則根據2014年6月1日實施的《跨境擔保外匯管理規定》，發生內保外貸擔保履約的，可憑加蓋中國外匯局印章的擔保登記文件，直接到銀行辦理擔保履約項下購匯及對外支付；如果擔保人為境外主體，在境內合法持有房產等擔保物，擔保人主動出售擔保物後，可以憑原購房合同、房產轉讓合同、完稅證明、房管部門過戶登記憑證，到房產所在地外匯局申請購匯付匯核准文件，銀行憑該核准文件辦理資金匯出。

　　對於擔保人不能主動履約的情況下，境外債權人可以通過法院拍賣、變賣擔保財產的方式，取得價款優先受償，或者直接起訴連帶責任保證人。對此，根據中國《服務貿易外匯管理指引實施細則》第6條：「辦理單筆等值5萬美元以上的服務貿易外匯收支業務，金

融機構應按以下規定審查並留存交易單證：（八）國際賠償款項下：
原始交易合同、賠款協議（賠款條款）和整個賠償過程的相關說明或
證明資料；或者僅審核法院判決書或仲裁機構出具的仲裁書或有權調
解機構出具的調解書等。」即境外銀行可以憑生效的法律文書辦理資
金匯出。

　　根據以上內容，關於跨境擔保違約求償外匯分析，匯總整理如
下表：

主體	履約狀況	辦理方式
債務人	主動履約	1. 稅務備案（單筆支付超過5萬美元的外債利息時）。 2. 銀行辦理還本付息。
	不主動履約	債權人憑有管轄權人民法院或仲裁機構的生效判決和裁定，辦理匯出。
擔保人	主動履約	1. 屬於內保外貸的，出售擔保品所得及保證人還款，應憑擔保登記文件對外支付。 2. 擔保物所有人為境外，出售擔保物後，按照財產出售所得辦理資金匯出。 3. 屬於外保內貸，由發放貸款的境內銀行，向外匯局的資本項目系統集中報送外保內貸業務資料，發生擔保履約的，銀行可直接與境外擔保人辦理擔保履約收款。
	不主動履約	憑有管轄權人民法院或仲裁機構的生效判決和裁定，辦理匯出。

【42】以中國企業的股權質押境外融資實務

　　股權質押屬於中國《物權法》中「權利質押」的一種，是指公司股東以自己持有的股權，為自己或他人債務進行擔保，當債務人到期不履行償還義務，或者發生約定的實現質權的情形時，債權人有權就該股權拍賣或變賣所得價款優先受償的一種擔保方式。

　　境外銀行在接受股權質押融資之前，需要對股權所在企業的經營狀況、財務狀況、資產狀況進行全面瞭解，綜合判斷企業的盈利能力和償債能力。另外，必須核實股權質押的合法性，若存在下列四種情形則不能辦理股權質押：1. 未繳付出資的股權；2. 已辦理出質登記的股權；3. 已被人民法院依法凍結的股權；4. 股權所在企業章程規定不得轉讓、不得出質的股權。同時，銀行必須委託具有股權評估資格的資產評估機構，對出質股權進行價值評估。鑒於中國《公司法》對有限責任公司股東向股東以外的人轉讓股權，明確要求必須經其他股東過半數同意，因此境外銀行在確定融資前，對於非一人有限責任公司，須瞭解股權出質是否已經徵得其他股東過半數同意的情況，必要時，可以要求出質人提供股權所在企業的股東會決議。

　　由於質權僅在辦理出質登記後才算設立，因此，境外銀行簽訂借款合同及股權質押合同後，為辦理登記之需要，必須對銀行主體資格進行公認證。如果股權所在企業是大陸上市公司，還需要對質押合同進行公（認）證。

　　完成了公認證手續後，則必須根據股權所在企業的性質，履行登記程序。根據中國《物權法》規定，以上市公司的股權出質的，則根據「哪裡公開發票股票，哪裡辦理股權質押」的屬地原則，到中國證券登記結算有限責任公司上海分公司或深圳分公司，辦理股權質押登記手續。如果辦理質押登記的股份超過總股本的5%（含），則在

辦理質押登記後，上市公司或其董事會還應予以公告；以有限責任公司和非上市股份有限公司的股權出質的，則應到工商管理部門辦理股權出質登記。但若非上市股份有限公司曾辦理過股權託管登記，還應向股權所在企業當地的股權託管登記中心，辦理股權質押登記，由託管中心對質押的股權進行凍結。

必須注意的是，若股權所在企業為外商投資企業，即股東中有外資（境外自然人或法人）成分時，還必須經原審批機關審批。實務中，以外資有限責任公司的股權質押時，須在辦理工商登記前取得原審批機關同意股權質押的批覆；對於上市企業而言，若以外資發起人的股權質押，可以在證券登記結算機構辦理了登記後，再向原審批機關事後備案。

由於質權人實現股權質權（其結果是股權轉讓）時，僅就股權轉讓款優先受償，而不能就拍賣股權所在企業持有的不動產所得價款優先受償，因此，實務中，由於求償順位的風險，境外銀行在接受股權質押時，往往會要求境外投資方及股權所在的企業，不得就企業資產設置擔保物權，也不得增加融資性債務要求，甚至會要求企業將房地產權證交給指定的大陸律師進行強制保管。除此之外，對在大陸已設立分行的臺灣的銀行來說，還可以考慮透過大陸境內的分行給予股權所在企業小比例金額的融資，藉此將企業所擁有的大陸不動產，直接抵押給在大陸的分行。此舉可大幅降低臺灣的銀行的風險，進一步限制不動產抵押給其他債權人。

【43】如何對中國不動產進行強制執行？（上）

當債務逾期或者約定的抵押權實現情形發生時，可以通過向債務人起訴，或者以抵押人為被申請人，提出實現擔保物權特別程序，進而取得生效判決或裁定後進入執行程序。

一、執行前應進行評估

在以不動產為被執行人責任財產時，執行方法一般可分為拍賣、變賣、抵債。當然，在處置不動產之前，應當先對其進行評估。根據中國《最高人民法院關於人民法院委託評估、拍賣和變賣工作的若干規定》，法院選擇評估機構時，應當在法院委託評估機構名冊內採取公開隨機的方式選定，因此，如果申請執行人和被執行人對評估機構的選擇無法達成一致意見，通常執行法官會採用搖號方式進行；對異地的財產進行評估或拍賣時，可以委託財產所在地人民法院辦理。

根據《最高人民法院關於人民法院民事執行中拍賣、變賣財產的規定》，法院收到評估機構做出的評估報告後，應當在5日內將評估報告發送當事人及其他利害關係人。當事人或者其他利害關係人對評估報告有異議的，可以在收到評估報告後10日內以書面形式向人民法院提出。如果當事人或其他利害關係人有證據證明評估機構、評估人員不具備相應的評估資格，或評估程序嚴重違法，而申請重新評估的，法院應當准許。

二、拍賣程序

1. 選擇拍賣機構如選擇評估機構一樣，採用搖號方式進行，雙方當事人不到場並不影響搖號程序的進行。實務中，以上海浦東新區

法院為例，對標的1,000萬以上的拍賣案件，原則上採取聯合拍賣的形式，即選取2家拍賣機構，其中一家為主拍機構。

2. 在拍賣前，由法院參照評估價拍賣保留價，未做評估的，參照市價確定，並應當徵詢有關當事人的意見。法院確定的保留價，第一次拍賣時，不得低於評估價或市價的80%；如果出現流拍，再行拍賣時，可以酌情降低保留價，但每次降低的數額不得超過前次保留價的20%。

保留價確定後，法院依據本次拍賣保留價計算，拍賣所得價款在清償優先債權和強制執行費用後，無剩餘可能的，應當在實施拍賣前將有關情況通知申請執行人。申請執行人於收到通知後5日內申請繼續拍賣的，法院將重新確定保留價；重新確定的保留價應當大於該優先債權及強制執行費用的總額。如果因此出現流拍，拍賣費用將由申請執行人負擔。

3. 拍賣不動產，應當在拍賣15日前公告。競買人應當於拍賣前向法院預交保證金。申請執行人參加競買的，可以不預交保證金。保證金的數額由法院確定，但不得低於評估價或者市價的5%。

4. 如果經過兩次拍賣均流拍，法院可以將不動產作價交申請執行人抵債。如果申請執行人拒絕接受，法院應在60日內進行第三次拍賣。如果第三次拍賣流拍且申請執行人拒絕接受或抵債，法院應當於第三次拍賣終結之日起7日內發出變賣公告。若自公告之日起60日內沒有買受人願意以第三次拍賣的保留價買受該財產，且申請執行人仍不表示接受該財產抵債，則應當解除查封，將該財產退還被執行人。

5. 以上海法院為例，如果不動產經三次拍賣流拍，執行法院應自第三次拍賣流拍的次日起7日內，在《人民法院報》和《上海法治報》或《新民晚報》等報刊上刊登變賣公告；必須變賣財產具有專業屬性的，應當同時在專業性報刊上刊登變賣公告。公告的費用由被執

行人承擔。變賣成交的，可從變賣財產所得的價款中優先扣除。

變賣公告期內，若第三人願意以第三次拍賣保留價買受，應向執行法院提交書面申請。多個第三人提交書面申請時，執行法院經評議，按收到書面申請的時間先後順序，確定應買申請順位。對確定的應買申請順位，執行法院應做好紀錄，並告知相應的第三人。

同日內收到多個第三人書面申請時，由執行法院經評議後，通知第三人到場組織抽籤以確定各自應買申請順位，抽籤結果應載明筆錄，並經到場第三人簽名。第三人經通知不能到場的，可以委託他人到場代為抽籤。第三人經通知無正當理由不到場，又不委託他人到場參加抽籤的，視為放棄應買申請。

變賣公告期內變賣成交的，該不動產的所有權自變賣裁定送達買受人時起移轉。

【44】 如何對中國不動產進行強制執行？（下）

在對不動產強制執行過程中，可能會遇到以下幾種情況：

1. 當抵押權人向法院申請執行抵押財產清償債權時，發現擔保人的抵押財產已經被查封。

對此，根據中國最高人民法院《關於人民法院執行工作若干問題的規定》，首封法院對被執行人財產具有優先處置權，即對參與被執行人財產的具體分配，應當由首先查封的法院主持進行。

抵押權人為實現優先受償權，應儘快申請參與分配程序，程序上是向原申請執行法院提交參與分配申請書，再由原申請執行法院轉交執行法院（即首封法院）。

2. 被執行人提出被執行的不動產為唯一住房時，不能拍賣。

對此，《最高人民法院關於人民法院民事執行中查封、扣押、凍結財產的規定》第6條：「對被執行人及其所扶養家屬生活所必需的居住房屋，人民法院可以查封，但不得拍賣、變賣或者抵債。」那麼是否意味著對於被執行人的「唯一住房」不能執行呢？該司法解釋第7條同時也規定：「對於超過被執行人及其所扶養家屬生活所必需的房屋和生活用品，人民法院根據申請執行人的申請，在保障被執行人及其所扶養家屬最低生活標準所必需的居住房屋和普通生活必需品後，可予以執行。」由此說明，法律對被執行人的居住權的保護採用適度原則，因此實務中有法院認為要區分被執行人「生活必需」的住房與「唯一住房」，如果唯一住房的面積遠超「生活必需」的標準，可以通過以大換小的方式執行。當然，臺灣個人因戶籍所在地並非在中國大陸，其持有的大陸不動產被執行時不存在前述問題。

3. 實務中會遇到案外人對法院查封被執行人的不動產提出異議的情況。比如被執行人將其名下的不動產出售給第三人，產證正在辦

理過程中，此時因不動產仍登記在被執行人名下，故法院可以查封被執行人的財產，然而第三人已經支付全部價款，僅因辦理產證需要時間而未辦妥過戶登記，而對此提出執行異議時，該如何處理？

《最高人民法院關於人民法院民事執行中查封、扣押、凍結財產的規定》第17條對此有明確規定：「被執行人將其所有的需要辦理過戶登記的財產出賣給第三人，第三人已經支付部分或者全部價款並實際占有該財產，但尚未辦理產權過戶登記手續的，人民法院可以查封、扣押、凍結；第三人已經支付全部價款並實際占有，但未辦理過戶登記手續的，如果第三人對此沒有過錯，人民法院不得查封、扣押、凍結。」

因此，如果案外人屬於善意第三人，已經向被執行人支付全部房款並實際占有房屋，法院不得查封尚處於被執行人名下的不動產。

相對應的，如果被執行人購買他人的不動產，已經支付房款並占有該不動產，然未辦妥過戶手續，此時是否可以查封尚處於第三人名下的房屋呢？

《最高人民法院關於人民法院民事執行中查封、扣押、凍結財產的規定》第19條對此有明確規定：「被執行人購買需要辦理過戶登記的第三人的財產，已經支付部分或者全部價款並實際占有該財產，雖未辦理產權過戶登記手續，但申請執行人已向第三人支付剩餘價款或者第三人同意剩餘價款從該財產變價款中優先支付的，人民法院可以查封、扣押、凍結。」

【45】跨境擔保中國履約資金匯出法律分析

　　人民幣跨境擔保業務由中國人民銀行負責管理，與傳統外匯局負責的外幣跨境擔保業務有所不同。

　　跨境擔保中國大陸履約資金，可由擔保人自行辦理匯出，但若擔保人拒絕履約，則通過大陸法院強制執行擔保人在大陸境內財產後，也可直接匯出。一般來說，拒絕履約情況下，都是先交付當事人所約定或是法定有管轄權的爭議解決機構，再根據跨境擔保合同或保函所適用的準據法、國際上的公約、規則或慣例等，進行裁判。境外法院或仲裁機構的裁判，在取得大陸法院承認後，或本身就是大陸法院或仲裁機構的裁判，都可以通過大陸法院，強制執行跨境擔保人在大陸境內的財產，並依大陸法院判決書、大陸認可的境外法院或仲裁機構裁判的裁定書，或大陸仲裁機構的裁決書，辦理資金匯出。

　　跨境擔保的幣種可分為人民幣和外幣兩種，銀發[2012]103號《中國人民銀行國家外匯管理局關於跨境人民幣業務管理職責分工的通知》中明確規定，跨境人民幣業務由人民銀行貨幣政策二司負責，人民幣跨境擔保由人民銀行負責管理，與傳統外匯局負責的外幣跨境擔保有所不同。

　　跨境擔保的大陸履約資金匯出，可分以下幾種情形：

1. 大陸銀行開立的人民幣保函履約

　　銀發[2011]145號《中國人民銀行關於明確跨境人民幣業務相關問題的通知》規定，銀行為客戶出具境外工程承包、境外項目建設和跨境融資等人民幣保函，不納入現行外債管理，由銀行向人民幣跨境收付信息管理系統，報送保函及履約信息即可。

2. 大陸企業對外提供的人民幣擔保履約

　　銀發[2013]168號《中國人民銀行關於簡化跨境人民幣業務流程

和完善有關政策的通知》中指出，境內非金融機構可以按照《中華人民共和國物權法》、《中華人民共和國擔保法》等法律，對境外提供人民幣擔保，而境內非金融機構對外擔保使用人民幣履約時，境內銀行在進行真實性審核後，就可為其辦理人民幣結算，並向人民幣跨境收付信息管理系統報送相關信息。

3. 大陸銀行外幣保函的履約

根據《跨境擔保外匯管理規定》，發生內保外貸履約時，擔保人為銀行，則可自行辦理擔保履約項下對外支付，如債務人在大陸境內，屬於其他形式跨境擔保，則《跨境擔保外匯管理規定》也清楚指出，境內機構辦理其他形式的跨境擔保業務，均可自行辦理擔保履約。

4. 大陸企業跨境擔保的履約

大陸企業以保證、抵押、質押等擔保方式，擔保境外債權人的債權，同樣分為內保外貸和其他形式跨境擔保兩類。根據《跨境擔保外匯管理規定》，若為內保外貸模式，做為擔保人的大陸企業，可憑擔保登記資料直接到銀行辦理擔保履約項下購匯及對外支付；但如果是其他形式的跨境擔保，則如同之前已分析境內機構辦理其他形式跨境擔保，完全可以自行辦理擔保履約。

第三篇

外　匯

【46】公司法修訂與外匯實務落差

中國《公司法》修正案已於2014年3月1日起實施，目前工商部門對新設公司的實收資本，不再有到位期限、首次出資額、貨幣與註冊資本比例等要求，新的營業執照上也不會有實收資本一欄，因此也就不須提供驗資報告。但其實，對於外商投資企業而言，外匯管理方面仍受到實收資本的諸多約束。

在以下情況下，仍需要對股東繳納出資情況，經驗資機構進行驗資：

1. 現有的外債登記管理政策，外商投資企業借用外債時，外方股東至少已經完成第一期資本金的繳付，且外商投資企業本身實際可借用的外債額度，等於外方股東資本金到位比例乘以「投註差」。那麼如何向外匯局證明外方股東資本金到位情況呢？顯然是驗資報告。

2. 對於自貿區內的外商投資企業，如果在自貿區啟動前已經設立，在借用人民幣外債時，可自行決定按前述「投註差」模式，還是按照自貿區22號文〔《中國人民銀行上海總部關於支持中國（上海）自由貿易試驗區擴大人民幣跨境使用的通知》〕規定的實繳資本×1倍（非銀行金融機構為1.5倍）×宏觀審慎政策參數；如果在自貿區啟動後設立的企業，則按照22號文的規則辦理。無論是按舊有外債額度執行，還是22號文確定的新人民幣外債額度執行，均與股東出資繳納的實收資本有密切關聯。

3. 鑒於公司法規定，股東按照實繳的出資比例分取紅利，因此辦理外商投資企業利潤匯出時，股東同樣應證明自己的實際出資金額，對此必然需要提供最近一期的驗資報告。

4. 向銀行借款時，借款企業為證明公司的履約能力，必然須提供驗資報告、審計報告之類證明財務狀況的資料。

5. 外商投資企業向銀行申請資本金結匯，事先須經會計師事務所辦理資本金驗資。

因此，儘管法律上不對股東的實際出資做出任何要求（銀行、保險等27類行業，對實繳資本有特定要求除外），但外債、利潤分配仍與實收資本掛鉤，股東仍須證明資金到位情況。

此外，雖然工商局取消企業年度檢驗制度，改為年度報告公示制度，即企業應當按年度在規定的期限內，通過市場主體信用信息公示系統，向工商局報送年度報告（包括股東繳納出資情況、資產狀況等），但外商投資企業仍須參加其他部門（外匯、稅務、統計、財政、商務）的聯合年檢，這些部門的年檢並未取消。如果企業未參加外匯年檢，則暫時無法辦理利潤匯出手續，因為銀行辦理外商投資企業利潤匯出時，會審核該企業外匯年檢參檢狀態。

【47】外商投資企業資本金帳戶開立規定

外商投資企業設立後，應在外匯局辦理登記，登記後才能到銀行開立資本金帳戶，且應以外商投資企業名義開立。本文分別為開立外幣資本金帳戶與人民幣資本金帳戶，進行分析。

一、開立外幣資本金帳戶

根據中國《關於印發〈資本項目外匯業務操作指引（2013年版）〉的通知》（匯綜發[2013]80號），企業在註冊地外匯局辦理外匯基本信息登記手續後，可獲得外匯局出具的「業務登記憑證」，據此可至銀行辦理資本金帳戶開立手續。銀行審核如下資料：

1. 協議辦理憑證，即「業務登記憑證」。

2. 資本項目信息系統銀行端中列印的資本金流入登記信息表。

包括開戶主體身分信息與外匯局登記信息是否一致等，審核無異議後，即可為其辦理帳戶開立手續，並於帳戶開立當日，在外匯局資本項目信息系統中備案。另根據《關於進一步改進和調整直接投資外匯管理政策的通知》（匯發[2012]59號），對於未按規定及時、準確在外匯局相關業務系統中備案的銀行，外匯局可將其上述業務辦理方式，由事後備案調整為事前核准。

提示事項：

1. 企業可在不同銀行開立多個資本金帳戶，同時允許異地開戶，同名資本金帳戶間可進行原幣劃轉。

2. 根據《關於完善外商投資企業外匯資本金支付結匯管理有關業務操作問題的通知》（匯綜發[2008]142號），外幣資本金帳戶中的資本金可轉定存，但應以同一帳戶項下不同子帳號方式進行操作。

3. 2014年3月1日實施的新修訂《公司法》，明訂股東繳納出資

後無須驗資。匯綜發[2013]80號文規定，對於無須辦理驗資的，企業直接提交外匯局列印的出資確認登記表，未辦理出資確認登記的資金不得使用。但實務中，銀行多要求提交驗資報告後，才能予以使用資本金帳戶中的資金。

二、開立人民幣資本金帳戶

根據《關於明確外商直接投資人民幣結算業務操作細則的通知》（銀發[2012]165號），新設立企業憑商務主管部門頒發的企業設立批准文件，已設立企業增加註冊資本金則憑商務主管部門頒發的註冊資本變更批准文件，在其註冊地的銀行開立人民幣資本金專用存款帳戶。同一批准文件只能開立一個人民幣資本金帳戶，帳戶名稱為存款人名稱加「資本金」字樣。如果批准文件發生了變化，就應新開一個人民幣資本金帳戶。

另根據《外商直接投資人民幣結算業務管理辦法》（中國人民銀行公告[2011]23號），銀行應當認真履行信息報送義務，及時、準確、完整地向人民幣跨境收付信息管理系統，報送開立的人民幣資本金帳戶開立信息。銀行、外商投資企業違反上述規定的，中國人民銀行會同有關部門，可以依法對其進行通報批評或處罰；情節嚴重的，可以暫停或禁止銀行、外商投資企業繼續開展跨境人民幣業務。

提示事項：

1. 除支付工資以及企業用做差旅費、零星採購、零星開支等用途的備用金等以外，人民幣資本金帳戶資金不可劃轉至境內同名人民幣存款帳戶。

2. 外商投資企業人民幣資本金帳戶為活期存款帳戶，存款利率按中國人民銀行公布的活期存款利率執行。但該帳戶內的人民幣資金可以轉存為1年期以內（含）的存款。

【48】外商投資企業資本金結匯銀行審核要點

外商投資企業資本金結匯及使用，應符合中國外匯管理相關規定，外匯資本金及其結匯所得人民幣資金，應在企業經營範圍內使用，並符合真實自用原則。而銀行應按外匯管理規定，對其資本金結匯時提交的資料進行真實性、一致性審核。根據《關於印發〈資本項目外匯業務操作指引（2013年版）〉的通知》（匯綜發[2013]80號），對外商投資企業資本金結匯銀行審核要點，分析如下：

1. 外匯局指定截止日後，尚未參加或未通過外匯年檢的企業，不得辦理資本金結匯業務，未辦理出資確認登記的資本金不得辦理結匯、劃轉、付匯等業務。因此，銀行在辦理資本金結匯前，須先審核企業是否參加或通過外匯年檢、是否辦理出資確認登記。

關於出資確認登記，對於須辦理驗資的企業（例如大型集團企業），由會計師事務所通過外匯局資本項目信息系統，向外匯局發送出資確認電子申請表，外匯局驗資詢證回函即為出資確認辦理證明；對於無須辦理驗資的，既可由會計師事務所發送出資電子申請表，也可由企業通過外匯局資本項目信息系統，或直接向註冊地外匯局提交《境內直接投資出資確認申請表》，然後，企業可從外匯局資本項目系統打印，或至外匯局現場取得出資確認登記表（銀行可通過外匯局資本項目信息系統核對相關信息，無須外匯局蓋章）。

2. 以備用金名義結匯的，不要求提供發票及其使用情況明細清單等，但實行限額控制，即每筆不得超過等值5萬美元，每月不得超過等值10萬美元。因此，銀行僅須審核不超過上述限額即可。

3. 對於資本金結匯時，企業提交的人民幣資金用途證明文件，或前一筆資本金結匯所得人民幣資金按照支付命令函對外支付的發票等相關憑證，銀行審核其真實性與合規性，如發現各項資料之間不能

互相印證或者存在矛盾，不得為該企業辦理相關業務。對於發票核查，除企業提交的加蓋公章或財務印章的稅務部門網路發票真偽查詢結果列印件外，銀行同時須再次登入各地國稅、地稅網站，予以核對並留存。

審核的重點如下：

（1）對於增值稅專用發票，審核國稅局增值稅網上進項發票認證結果清單。

（2）對於增值稅普通發票，審核國稅局網路查詢結果清單。

（3）對於營業稅發票，審核地稅局網路查詢結果清單。

（4）對於網上無法核查發票的，銀行憑企業提交的稅務機關出具的發票真偽鑑別證明資料，辦理結匯。銀行若發現網上核查或稅務機關認定發票存在真實性疑問，應及時向外匯局報告相關情況。

銀行辦理完畢結匯業務後，應在發票等相關憑證原件上，批註已辦理資本金結匯金額和日期，加蓋銀行業務章，並留存批註後的發票等相關憑證影本。

4. 資本金結匯所得人民幣資金，不得發放委託貸款、償還企業間借貸（含第三方墊款）以及償還轉貸予第三方的銀行借款。以資本金結匯所得人民幣資金，償還已使用完畢的銀行貸款（含委託貸款）時，銀行須審核結匯企業提交原貸款合同（或委託貸款合同）、與貸款合同所列用途一致的人民幣貸款資金使用發票、原貸款行出具的貸款發放對帳單等貸款資金使用完畢的證明資料，並留存影本備查。

5. 以資本金結匯所得人民幣資金支付土地出讓金時，銀行還會要求企業提交國有建設用地出讓合同，以及相應的非稅繳款通知單等資料，審核相關合同、繳款通知單以及結匯支付財政專戶之間的一致性。非房地產類外商投資企業，不得以資本金結匯所得人民幣資金支

付購買非自用房地產的相關費用。

6. 單個資本金帳戶累計結匯額（含以「備用金」用途結匯的金額），與該資本金帳戶已付匯（含境內劃轉）金額之和，若達到帳戶貸方累計發生額的95%，銀行對上述結匯（備用金除外）所對應的發票等憑證，進行真實性核查，並在企業結匯申請書上加註「已核實帳戶內95%資金結匯發票（不含付匯）」字樣、日期及加蓋銀行業務章後，方可辦理餘下的資本金結匯或付匯手續。對於首次結匯即超過已到位資本金金額95%的，銀行應要求企業於結匯後的5個工作日內，向銀行提交發票、結匯資金對外支付憑證和使用情況明細清單等。

7. 資本金帳戶利息結匯，僅審核銀行出具的利息清單即可。

【49】境外銀行放款給境內企業的途徑解析

由於中國大陸對外匯有所管制，境外銀行須通過合法途徑向境內企業放款，否則境內企業無法向境外銀行償還借款、支付利息。境外銀行放款給境內企業的途徑解析如下：

一、經常項目

大陸外匯政策對經常項目比資本項目管制有所寬鬆，經常項目下外幣可自由結匯為人民幣，而資本項目須憑合同、發票結匯。若境內企業有從事出口業務，境外銀行放款通過經常項目的貿易融資方式流入境內企業，則比較容易。常見的貿易融資方式，包括打包貸款、出口押匯、出口信用證、出口托收、福費廷（編註：即Forfeiting，無追索權的融資）等。

1. **打包貸款**。如果境內企業的產品出口備貨前存在資金缺口，在已取得境外客戶信用證的情況下，可向境外銀行申請打包貸款融資。打包貸款，是指境外銀行以境內企業提交的境外客戶正本信用證為依據，向境內企業提供的一種裝船前短期融資，用於購買生產信用證項下商品所需的原材料。境內企業須憑正本信用證、相關擔保，向境外銀行申請打包貸款，相關擔保既可是境內企業的不動產直接抵押，也可是境內銀行提供的保函。

2. **出口押匯**。如果境內企業的產品出口後存在資金缺口，在已取得境外客戶信用證的情況下，可向境外銀行申請出口押匯融資。出口押匯，是境外銀行以購買境內企業包括物權憑證在內的全套出口單據的形式，提供給境內企業的出口後融資。境內企業須憑正本信用證、全套出口單據，向境外銀行申請出口押匯。

上述出口貿易融資方式中，境外銀行相當於海外代收的角色，境內企業相當於提前收到境外客戶支付的貨款。境內企業收到的貿易融資款要進入何種外匯帳戶，應視情況而定，若出口貿易融資屬於買斷型，境外銀行放款應進入境內企業的出口收入待核查帳戶；反之若屬於非買斷型，境外銀行放款則無須進入待核查帳戶。

二、資本項目

境內企業若無出口業務且存在資金需求，則可通過其他形式的跨境擔保，向境外銀行融資，境外銀行可接受境內企業的直接擔保，也可接受其他境內企業或境內銀行提供的間接擔保。境外銀行放款，通過資本項目方式流入境內企業，途徑如下：

1. 外債

從借款期限來看，外債分為短期外債、中長期外債。短期外債是指借款期限為1年（含）以下的借款，中長期外債是指借款期限為1年（不含）以上的借款。從借款幣別來看，外債分為外幣外債、人民幣外債。短期外幣外債按餘額計入外債額度，償還借款後額度自然恢復；中長期外幣外債、人民幣外債，按發生額計入外債額度，償還借款後額度也無法恢復。

並不是所有的境內企業都有外債額度，以境內製造業為例，內資企業的中長期外債額度須向發改委申請，短期外債額度須向外匯局申請；外資企業的外債額度＝投資總額－註冊資本，若之前已借入過外債，則可借入外債額度＝外債額度－人民幣外債、中長期外幣外債的發生額－短期外幣外債餘額，故外資企業可借入外債額度才是境外銀行實際可放款的額度。境內企業與境外銀行簽訂借款合同後，須向外匯局辦理外債登記，境外銀行放款才能以外債形式進入境內企業的外債帳戶。

2. 跨境人民幣借款

上海自貿區、蘇州、前海、昆山已頒布各自的跨境人民幣借款政策，上海自貿區放款對象不限，既可是境外銀行，也可是境外企業；蘇州放款對象，為新加坡註冊成立的銀行業金融機構；前海放款對象，為香港可從事人民幣業務的銀行；昆山放款對象，為台資企業集團內的境外企業。

從放款對象來看，上海自貿區內企業可向境外所有國家或地區銀行借款，而前海企業僅限於向香港的銀行借款，蘇州企業僅限於向新加坡的銀行借款。須注意的是，境外銀行向上海自貿區、蘇州、前海的企業放款金額，須小於其可借款額度。

【50】境內外幣質押人民幣貸款解析

境內外資企業的資本金、外債、貿易所得等外幣質押給境內銀行，獲取人民幣借款，根據中國大陸的外匯管理規定，須區分外幣性質，分別不同情況處理。

1. 註冊資本金

根據中國《國家外匯管理局綜合司關於對外商投資企業將資本金結匯歸還人民幣貸款行為定性處理的通知》（匯綜發[2008]39號）：

「外商投資企業以外匯資本金質押借用人民幣貸款，所獲得的人民幣貸款資金應按照貸款用途進行支付，並用於正常生產經營活動。對外商投資企業將外匯資本金質押所得人民幣貸款資金以存款形式存放，再以質押外匯資本金結匯償還人民幣貸款及利息的行為，屬於非法使用外匯行為，按照《中華人民共和國外匯管理條例》第四十五條第四項規定對其定性和處罰。」

另根據《國家外匯管理局關於境內企業外匯質押人民幣貸款政策有關問題的通知》（匯發[2011]46號）：

「一、境內金融機構在向中資企業和外商投資企業（以下簡稱境內企業）發放人民幣貸款時，可以接受債務人提供的外匯質押，質押外匯來源僅限於經常項目外匯帳戶（出口收匯待核查帳戶除外）內的資金。」

因此，雖然匯綜發[2008]39號文仍然有效，但根據匯發[2011]46號文的規定，為境內人民幣貸款提供質押的外匯來源僅限於經常項目外匯帳戶，因此外匯資本金不能用於質押借用人民幣，但外匯資本金可用於歸還已使用完畢的人民幣貸款。

2. 外債

根據中國《外債管理辦法》（匯發[2013]19號）附件1-3：
「（4）除擔保公司外，不得用於抵押或質押；」因此，境內企業借
入的外幣外債，除擔保公司外，不能將外幣外債資金用於質押，在境
內銀行借用人民幣貸款。另須注意，根據匯發[2013]19號文的規定，
外幣外債結匯後，人民幣資金不能用於償還境內金融機構發放的人民
幣貸款。

3. 經常帳戶外匯收入

根據匯發[2011]46號文的規定，不論中資還是外資企業，均可利
用經常項目外匯帳戶（出口收匯待核查帳戶除外）內的資金進行質
押，在境內金融機構取得人民幣貸款，但待核查帳戶中的外匯資金不
能用於質押借款。另外，質押幣種僅限於銀行間外匯市場掛牌交易的
外幣。

辦理外匯質押人民幣貸款業務的金融機構，應於每月初5個工作
日內，向所在地外匯局報送上月外匯質押人民幣貸款業務情況。中國
外匯管理局各分局、外匯管理部（以下簡稱各分局）應於每季度初15
個工作日內，向國家外匯管理局資本項目管理司，匯總上報上季度轄
內金融機構辦理外匯質押人民幣貸款業務情況。

實務中，經常項目外匯資金結匯已經不受任何限制，境內企業
完全可以選擇將外匯資金結匯後再進行質押借款。

另，境外公司通過在境內銀行開立NRA帳戶，利用NRA帳戶中
的外幣存款進行質押，擔保境內企業在境內銀行人民幣貸款，這種模
式屬於外保內貸，與上述外幣質押境內人民幣貸款管理方式並不相
同。

【51】利用外債置換境內銀行貸款分析

隨著中國大陸境內跨境擔保外匯政策的放開，境內企業利用境外相對成本較低的資金，就更加方便了。但根據目前的外匯規定，境內企業從境外借入的外債資金，除受外債額度限制外，其用途也有所限制。

一、利用外債置換境內人民幣貸款

1. 外幣外債

根據中國《外債登記管理辦法》（匯發[2013]19號，以下簡稱19號文）的規定，結匯後人民幣資金不能用於償還境內金融機構發放的人民幣貸款。因此境內企業借入的外幣外債，不能以歸還境內金融機構發放的人民幣貸款的理由進行結匯。當然，境內企業也可以用外債結匯購買原物料、支付費用等，將原本用於購買原物料、支付費用的自有資金，用於歸還境內金融機構發放的人民幣貸款，只是外債結匯受限較多，以這種方式來置換境內人民幣貸款會耗費較長的時間。

中資企業借入的外幣外債不能結匯，因此對中資企業來說，不能以外幣外債置換境內人民幣貸款。

另19號文規定，境內企業借入的外債，除擔保公司外，不能用於抵押或者質押，因此也不能把外債抵押或質押給境內銀行，再借用人民幣來歸還境內的人民幣貸款。

2. 人民幣外債

根據《中國人民銀行關於明確外商直接投資人民幣結算業務操作細則的通知》（銀發[2012]165號）：

「十七、外商投資企業人民幣資本金專用存款帳戶和人民幣境外借款一般存款帳戶的人民幣資金可以償還國內外貸款。」

根據上述規定，境內企業借入的人民幣外債，可償還境內金融機構發放的人民幣貸款。但須注意，銀發[2012]165號文規定，外商投資企業境外人民幣借款，無論短期還是中長期，均按照發生額扣減外債額度。因此，此方式僅使用於外債額度較大，或後續不考慮再借用外債的公司使用。

目前，深圳前海、昆山、上海自貿區、蘇州工業園區等地，均已經開始試點跨境人民幣借款，在這些試點地區註冊且符合條件的企業，可以從境外借入人民幣，並且借入的人民幣不占用境內企業的外債額度。通過這種方式借入的人民幣借款，可以用於償還境內的人民幣貸款。上海自貿區還允許自貿區內企業利用境外外幣資金，通過FT帳戶償還自身名下且存續期超過6個月（不含）的上海市銀行業金融機構發放的人民幣貸款。

要享受試點地區跨境人民幣借款政策，對在試點地區沒有公司的企業來說，須在試點地區新設公司。

二、利用外債置換境內外幣貸款

境內企業借入外幣外債償還境內外幣貸款，並無限制，企業憑《外債簽約登記表》、境內銀行的還本付息通知書等，至外債開戶銀行申請，外債開戶銀行將相應的款項從外債專戶劃轉至同名貸款專戶即可。

對境內企業借入人民幣外債歸還境內外幣貸款，根據銀發[2012]165號的規定，並不存在問題，只是目前無論境內外人民幣的借款利率一般均高於外幣借款利率，實務中，很少會有企業這樣操作。

【52】人民幣匯至境外途徑

人民幣資本項下、貿易項下跨境交易，均已開放。境內企業要匯出人民幣至境外，可通過利潤分配、跨境借款及上海自貿區雙向資金池政策進行。

一、利潤分配

外資企業以人民幣匯出利潤，與外幣匯出並無差異。企業憑外匯登記憑證、董事會利潤分配決議書、《服務貿易等項目對外支付稅務備案表》原件（金額在5萬美元及以下的無須提交），至銀行直接辦理匯出手續。

須注意的是，外匯局已取消外資企業本年度匯入利潤金額原則上不得超出最近一期財務審計報告中屬於外方股東的「應付股利」與「未分配利潤」合計金額（外國投資者所屬部分，應依據符合法律法規的利潤分配比例計算）的規定，企業可選擇匯出盈利年度利潤，以前年度虧損可用以後年度利潤再彌補。

二、人民幣境外放款

根據《中國人民銀行關於簡化跨境人民幣業務流程和完善有關政策的通知》（銀發[2013]168號）：

「境內非金融機構可向境內銀行申請辦理人民幣境外放款結算業務。具有股權關係或同由一家母公司最終控股，且由一家成員機構行使地區總部或投資管理職能的境內非金融機構，可使用人民幣資金池模式向境內銀行申請開展人民幣資金池境外放款結算業務。」

人民幣境外放款無額度限制，外幣放款則不能超過境內企業淨資產的30%（上海自貿區內企業不能超過淨資產的50%）。

境內非金融機構向境外放款的利率、期限和用途，由借貸雙方按照商業原則，在合理範圍內協商確定。

人民幣境外放款，必須經由放款的人民幣專用存款帳戶以人民幣收回，且回流金額不得超過放款金額及利息、境內所得稅、相關費用等合理收入之和。

三、上海自貿區人民幣雙向資金池

《關於支持中國（上海）自由貿易試驗區擴大人民幣跨境使用的通知》（銀總部發[2014]22號）規定，區內企業可根據自身經營和管理需要，開展集團內跨境雙向人民幣資金池業務。集團指包括區內企業（含財務公司）在內的，以資本關係為主要聯結紐帶，由母公司、子公司、參股公司等存在投資性關聯關係成員共同組成的跨國集團公司。跨境雙向人民幣資金池業務，指集團境內外成員企業之間的雙向資金歸集業務，屬於企業集團內部的經營性融資活動。

通過上海自貿區人民幣雙向資金池匯出人民幣，並無額度限制。實務中，雙向資金池一般至少有三家境內外企業組成，對資金池內資金的借貸，部分銀行以委託貸款方式進行操作，並收取委託貸款手續費。

四、貿易、非貿易項下匯出

貿易、非貿易項下人民幣匯出，須企業有境外採購或接受境外服務。款項匯出，可採取預付款或貨到付款、開立人民幣信用證等方式進行。另須注意，境內企業匯出服務項下、非貿易項下款項（例如特許權使用費、專利費用等），須根據大陸境內的稅法規定，代境外企業扣繳營業稅、增值稅、企業所得稅等稅費。

【53】境內外資銀行短期外債指標解析

中國大陸境內外資銀行從境外借用短期外債，須每年由中國外匯局核定額度。外匯局對境內外資銀行的短期外債指標範圍界定，採取排除法進行管理。

一、境內外資銀行的短期外債指標核定

根據中國《境內外資銀行外債管理辦法》（中國發展和改革委員會中國人民銀行中國銀行業監督管理委員會令2004年第9號）第5條，境內外資銀行借用外債，簽約期限在1年期以上（不含1年期）的中長期外債，由國家發展改革委按年度核定發生額；簽約期限在1年期以下的短期外債，由外匯局核定餘額。

中國外匯局根據境內外資銀行的上年度外債借用情況、其境外總行或地區管理部批准的本年度對中國境內債務人的年度授信限額及流動性需要，核定境內外資銀行本年度短期外債餘額。境內外資銀行在本年度內任一時點的短期外債餘額，不得超過外匯局核定的餘額。短期外債確定後，境內外資銀行可以根據業務需要，在年度內向外匯局申請進行一次調整，外匯局根據情況決定是否批准。

境內外資銀行借用的外債資金不得結匯，還本付息不得購匯。境內外資銀行辦理其外債項下還本付息，不須外匯局核准，可自行在境內、外銀行開立相關帳戶存放其外債資金，並可自行辦理與其外債相關的提款和償還手續。

二、境內外資銀行短期外債指標範圍

根據中國《國家外匯管理局關於核定2011年度境內機構短期外債餘額指標有關問題的通知》（匯發[2011]14號），除下列情況外，

金融機構各種形式的短期對外負債均應納入指標管理：

　　1. 期限在90天（含）以下已承兌未付款遠期信用證，和90天（含）以下海外代付。開證行開立信用證後續做海外代付的，兩者期限合計不超過90天。在期限、金額、時間等方面，海外代付與進口合同、進口貿易融資存在合理對應關係。

　　2. 在同一法人銀行的50萬美元（含）以下非居民個人存款。

　　3. 經外匯局核准，以非居民名義開立的各類外國投資者專用帳戶餘額。

　　4. 外匯局明訂的其他不須納入指標管理的情形。

　　短期外債指標範圍採取的是排除法，境內外資銀行承擔的對外短期債務，只要不屬於上述範圍，均屬於短期外債，占用銀行的短期外債指標。須特別注意的是，根據《國家外匯管理局關於境外機構境內外匯帳戶管理有關問題的通知》（匯發[2009]29號），境外機構境內外匯帳戶（NRA帳戶）資金餘額，除中國外匯管理局另有規定外，應當納入境內銀行短期外債指標管理。

　　另，根據《跨境貿易人民幣結算試點管理辦法實施細則》（銀發[2009]212號）第23條，跨境貿易項下涉及的居民對非居民的人民幣負債，暫按外債統計監測的有關規定，由境內結算銀行、境內代理銀行和試點企業登錄現有系統辦理登記，但不納入現行外債管理。

　　根據上述規定，境內銀行為境內企業開立超過90天的人民幣遠期信用證、人民幣海外代付，及人民幣NRA帳戶資金餘額，均不占用境內外資銀行的短期外債指標。

【54】境內個人通過特殊目的公司
對外投資外匯新規

2014年7月4日，中國外匯管理局發布了《關於境內居民通過特殊目的公司境外投融資及返程投資外匯管理有關問題的通知》（匯發[2014]37號，以下簡稱37號文），原《關於境內居民通過境外特殊目的公司融資及返程投資外匯管理有關問題的通知》（匯發[2005]75號，以下簡稱75號文）同時廢止。相較於75號文，37號文進一步簡化和便利境內居民通過特殊目的公司，從事投融資活動所涉及的跨境資本交易。

1. 擴大「特殊目的公司」的定義範圍

根據37號文，特殊目的公司是指境內居民（含境內機構和境內居民個人）以投融資為目的，以其合法持有的境內企業資產或權益，或者以其合法持有的境外資產或權益，在境外直接設立或間接控制的境外企業。

相較於75號文，特殊目的公司的設立目的從「股權融資」到「投融資」，用於投資的資產從「境內企業資產或權益」增加了「境外資產或權益」。

2. 明確境外非上市特殊目的公司股權激勵的外匯登記

根據37號文，境外非上市特殊目的公司以本企業股權或期權等為標的，對其直接或間接控制的境內企業的董事、監事、高級管理人員及其他與公司具有雇傭或勞動關係的員工，進行權益激勵的，相關境內居民個人在行權前，可申請辦理特殊目的公司外匯登記手續。

之前，中國外匯局僅發布了《關於境內個人參與境外上市公司股權激勵計畫外匯管理有關問題的通知》（匯發[2012]7號），明確境內個人參與境外上市公司股權激勵的相關操作規程，對於境外非上

市公司的股權激勵如何辦理外匯流程，並無明確規定，37號文則填補了該實務操作中無法可循的狀況。

3. 拓寬資金流出管道

根據37號文，境內居民個人直接或間接控制的境內企業，可在真實、合理需求的基礎上，按照現行規定向已經登記的特殊目的公司放款，取消了之前境內企業不得對特殊目的公司進行境外放款的限制。

同時，允許境內居民個人在真實、合理需求的基礎上，購匯匯出資金用於特殊目的公司設立、股份回購或退市等。

4. 放寬境外融資資金使用限制

75號文規定：「境內居民從特殊目的公司獲得的利潤、紅利及資本變動外匯收入應於獲得之日起180日內調回境內。」37號文取消了上述強制性調回資金的規定，允許境外融資及其他相關資金留存境外使用。

5. 減少登記主體範圍

根據37號文，境內居民個人只為直接設立或控制的（第一層）特殊目的公司辦理登記，取消了特殊目的公司在境外直接或間接控制的每一層級企業均必須進行設立登記。

6. 進一步明確境內居民個人的界定

根據37號文，對於同時持有境內合法身分證件和境外（含港澳臺）合法身分證件的，視同境外個人管理，其以境外資產或權益向境外特殊目的公司出資時，不納入境內居民個人特殊目的公司外匯（補）登記範圍。

7. 明確初始登記外匯部門

根據37號文，境內居民個人以境內企業資產或權益出資時，到境內企業資產或權益所在地外匯局，辦理外匯登記手續；以多個企業

資產或權益出資時，應選擇其中一個主要資產或權益所在地外匯局，辦理登記手續；以境外資產或權益出資時，應到戶籍所在地外匯局，辦理相應手續。多個境內居民個人共同設立特殊目的公司時，可委託其中一人，在受託人境內資產權益所在地或者戶籍所在地外匯局，集中辦理。

【55】外資企業股利分配外匯規定解析

外商投資企業外國投資者將其應得利潤或股息、紅利匯出境外時，須向外匯指定銀行提供相關資料，經審核後方可辦理對外支付。其相關外匯規定解析如下。

一、關於審核

根據中國《關於印發服務貿易外匯管理法規的通知》（匯發[2013]30號）及《關於進一步改進和調整資本項目外匯管理政策的通知》（匯發[2014]2號）：

1. 銀行為企業辦理等值5萬美元（含）以下利潤匯出，原則上可不再審核交易單證。

2. 辦理等值5萬美元以上利潤匯出，原則上可不再審核其財務審計報告和驗資報告，應按真實交易原則審核與本次利潤匯出相關的董事會利潤分配決議及《服務貿易等項目對外支付稅務備案表》（以下簡稱《備案表》）原件。

3. 每筆利潤匯出後，銀行應在相關稅務備案表原件上，加章簽註該筆利潤實際匯出金額及匯出日期。

4. 企業也可支付中期境外股東所得的利潤或股息、紅利，辦理原則同上。

自2014年2月10日起，企業本年度處置利潤金額，原則上不得超過最近一期財務審計報告中屬於外方股東「應付股利」和「未分配利潤」合計金額的限制，予以取消，企業可自行決定分配盈利年度的利潤，不須再考慮用當年度盈利彌補以前年度虧損，或用以前年度盈利彌補當年度虧損後，才能予以分配的限制。

二、關於備案

根據《關於服務貿易等項目對外支付稅務備案有關問題的公告》（中國稅務總局國家外匯管理局公告2013年第40號）：

1. 企業向境外單筆支付等值5萬美元以上利潤，應向所在地主管國稅機關進行稅務備案。

2. 對於外國投資者以境內外商投資企業合法所得，在境內再投資單筆等值5萬美元以上的，也須進行稅務備案。

3. 同一份利潤分配決議需要多次對外支付的，備案人須在每次付匯前，辦理稅務備案手續，但只須在首次付匯備案時提交利潤分配決議等相關憑證影本。

4. 對於備案人提交的資料齊全、《備案表》填寫完整的，稅務機關當場蓋章，不做有關納稅事項的審核，《備案表》中也不體現有關納稅事項的內容，付匯銀行直接以《備案表》上的「本次支付金額」允許對外支付。

5. 雖然備案時稅務機關不當場審核納稅事項，但不等於不履行管理職責，而是把審核工作轉移到備案之後，主管國稅機關自收到《備案表》後15個工作日內，對備案人提交的《備案表》及所附資料進行審查，包括：

（1）備案信息與實際支付項目是否一致。

（2）對外支付項目是否已按規定繳納各項稅款。

（3）申請享受減免稅待遇的，是否符合相關稅收法律法規和稅收協議（安排）的規定。

三、關於罰則

1. 如發現對外支付項目未依法履行納稅義務，根據《中華人民共和國稅收徵收管理法》第69條規定，除由稅務機關向境外納稅人

追繳稅款外，還對做為扣繳義務人的境內企業處應扣未扣稅款50%以上3倍以下的罰款。

2. 對企業虛構交易或以故意分拆等方式辦理利潤匯出的，依據《中華人民共和國外匯管理條例》第39條規定，由外匯局責令限期調回外匯，處逃匯金額30%以下的罰款；情節嚴重的，處逃匯金額30%以上等值以下的罰款；構成犯罪的，依法追究刑事責任。

3. 若銀行未按規定對交易單證的真實性及其與外匯收支的一致性進行合理審查，依據《中華人民共和國外匯管理條例》第47條規定，由外匯局責令限期改正，沒收違法所得，並處20萬元以上100萬元以下的罰款；情節嚴重或逾期不改的，由外匯局責令停止經營相關業務。

【56】資本項下資金使用分析（上）

　　資本項下資金，主要包括資本金、外債、人民幣跨境借款、內保外貸、外保內貸等，本文主要針對資本金使用分析如下。

一、外幣資本金

　　根據〈關於印發《資本項目外匯業務操作指引》的通知〉（匯綜發[2013]80號），外幣資本金可在經營範圍內結匯使用，也可原幣劃轉使用。

（一）結匯使用

　　1. 備用金結匯：差旅費、零星採購、零星開支等，可用備用金名義結匯，對於等值5萬美元（含）以下備用金結匯的，無須提交合同或發票等資金用途文件，可直接結匯，但每月以備用金名義結匯的金額，不得超過等值10萬美元（含）。對於實行資本金意願結匯的企業，以備用金名義從結匯待支付帳戶內支付的，每月累計支付金額不得超過等值60萬元人民幣。

　　2. 結匯支付貨款、稅費等：須提交資金用途文件，包括商業合同或收款人出具的支付通知、發票、專用收據、繳款通知書和完稅憑證等相關資料，銀行進行真實性審核後予以支付。

　　3. 結匯支付土地出讓金：須提交國有建設用地出讓合同，以及相應的非稅繳款通知單等資料，審核相關合同、繳款通知單以及結匯支付財政專戶之間的一致性後，予以支付。

　　4. 結匯所得人民幣資金使用限制：

　　（1）不得發放委託貸款、償還企業間借貸（含第三方墊款）以及償還轉貸予第三方的銀行借款。

　　（2）在提交原貸款合同（或委託貸款合同）、與貸款合同所列

用途一致的人民幣貸款資金使用發票、原貸款行出具的貸款發放對帳單等貸款資金使用完畢的證明資料下，可償還已使用完畢的銀行貸款（含委託貸款），但不得償還未使用的銀行貸款。

（3）除外商投資房地產企業外，不得用於支付購買非自用房地產的相關費用。

（4）對非投資類外商投資企業，不得用於境內股權投資；投資類外商投資企業，須將外匯資金原幣劃轉至被投資企業開立的境內再投資專用帳戶，不得結匯支付。

根據《關於中國（上海）自由貿易試驗區外匯管理實施細則的批覆》（匯覆[2014]58號）及《關於在部分地區開展外商投資企業外匯資本金結匯管理方式改革試點有關問題的通知》（匯發[2014]36號），蘇州工業園區等地外資企業資本金可意願結匯。實施外匯資本金意願結匯的試點區域，除原幣劃轉股權投資款外，允許以投資為主要業務的外商投資企業，將結匯待支付帳戶內的資金按實際投資規模，劃入被投資企業帳戶。上述企業以外的一般性外商投資企業，以結匯資金開展境內股權投資的，由開展投資的企業按實際投資規模，將結匯所得人民幣資金，劃往被投資企業開立的結匯待支付帳戶。

（二）原幣劃轉使用

1. 經常項目下具備真實性交易的付匯。

2. 在參與境內直接投資相關的競標業務時，可劃入保證金專用帳戶。該劃入的資本金無論是否競標成功，均應劃回原劃入帳戶。

3. 劃至境外放款專用帳戶，用於境外放款。

4. 轉存定期、遠期結售匯及掉期、結構性存款等業務，但限於保本型產品，且不得變相結匯。

二、人民幣資本金

根據《關於明確外商直接投資人民幣結算業務操作細則的通知》（銀發[2012]165號），對於人民幣資本金：

1. 可以轉存為1年期以內（含）的存款。

2. 可以償還國內外貸款。

3. 不得用於投資有價證券和金融衍生品，不得用於委託貸款，不得購買理財產品、非自用房產。

4. 對於非投資類外商投資企業，不得用於境內再投資。

5. 除支付工資以及差旅費、零星開支等用途的備用金等以外，不可劃轉至境內同名人民幣存款帳戶。

【57】資本項下資金使用分析（下）

　　資本項下資金，主要包括資本金、外債、人民幣跨境借款、內保外貸、外保內貸等，本文主要針對外債資金使用分析如下。

　　大陸企業借用的外債資金，應按外債合同規定的用途使用，短期外債原則上只能用於流動資金，不得用於固定資產投資等中長期用途。如審批部門或債權人未指定外債資金用途，中長期外債可用於短期流動資金。

一、外幣外債

　　根據中國《關於發布〈外債登記管理辦法〉的通知》（匯發[2013]19號），外債資金可用於經常項目對外支付、按規定辦理結匯及資本項目支付。

　　1. 結匯及用於經常項目對外支付：應遵循實需原則，持相關合同、協議、發票等相關資料，直接到銀行辦理。對於中資企業借用的外債資金，未經外匯局批准，不得結匯。

　　2. 通過借新還舊等方式進行債務重組：企業如將短期外債展期，或借用新的中長期外債償還原外債，都會重複占用外債額度。如果通過借新還舊方式，只要不增加現有外債本金餘額，並且不辦理結匯，則不會重複占用外債額度。

　　3. 用於投資：在外債資金不結匯且直接原幣劃轉情況下，可通過新設企業、購買境內外企業股份等方式，進行股權投資，但要求企業的股權投資符合其經營範圍。

　　4. 轉存定期存款：在不發生資金匯兌的前提下，企業可在同一分局轄區內、同一銀行，自行辦理外債資金轉存為定期存款。

　　5. 可存放境外：允許從境外借入的外債資金不調入大陸境內，

企業可選擇開立境外帳戶存放外債資金，也可不開立境外帳戶，而直接要求境外放款銀行將外債資金支付給境內外貨物或服務供應商。但由於外債資金存放境外不利於外匯局對資金用途進行監管，實務中，有些外匯局不予批准外債資金存放境外，操作時須與主管外匯局確認。

6. 限制性規定：

（1）除外商投資租賃公司、外商投資小額貸款公司外，不得用於放款。

（2）除擔保公司外，不得用於抵押或質押。

（3）不得用於證券投資。

（4）結匯的人民幣資金，不能用於償還境內金融機構發放的人民幣貸款。由於外債貸款利率一般低於境內人民幣貸款利率，如果企業打算借用外債置換境內人民幣貸款，可用自有資金歸還境內人民幣貸款，外債資金用於支付貨款等生產經營資金需求。

二、人民幣外債

根據《關於明確外商直接投資人民幣結算業務操作細則的通知》（銀發[2012]165號），對於人民幣外債：

1. 在其經營範圍內使用，不得用於投資有價證券和金融衍生品，不得用於委託貸款，不得購買理財產品、非自用房產。

2. 對於非投資類外商投資企業，不得用於境內再投資。

3. 除支付工資以及差旅費、零星開支等用途的備用金等以外，不可劃轉至境內同名人民幣存款帳戶。

4. 只能活期計息，不得轉存為定期存款。

5. 可以償還國內外貸款，包括外幣貸款和人民幣貸款。

6. 企業不能按期歸還人民幣外債而對其展期時，首次展期不計入外債額度，此後的展期則須計入外債額度。企業如欲恢復此額度，可將人民幣外債轉增資本。

三、相關罰則

根據《中華人民共和國外匯管理條例》（國務院令第532號），違反規定，擅自改變結匯資金用途的，由外匯管理機關責令改正，沒收違法所得，處違法金額30%以下的罰款；情節嚴重的，處違法金額30%以上等值以下的罰款。以虛假或無效交易單證進行資本金及外債結匯的，由外匯管理機關責令改正，給予警告，對企業可處30萬元以下的罰款，對個人可處5萬元以下的罰款。

根據《外商直接投資人民幣結算業務管理辦法》（中國人民銀行公告[2011]第23號），違反規定，擅自改變資金用途的，中國人民銀行會同有關部門，可依法對其進行通報批評或處罰；情節嚴重的，可以暫停或禁止企業繼續開展跨境人民幣業務。

【58】外幣帳戶用途（上）

外匯帳戶，指開戶主體以可自由兌換貨幣，在開戶金融機構開立的帳戶。中國外匯管理局及其分、支局（以下簡稱「外匯局」）為外匯帳戶的管理機關，開戶金融機構在外匯帳戶的開立、關閉時須按相關規定辦理。目前大陸企業主要涉及的外匯帳戶及其用途，分析如下。

一、經常項目外匯帳戶

經常項目主要包括貿易收支、服務收支等，經常項目外匯帳戶主要用於經常項目外匯的收入與支出，包括結算戶、代理戶、駐華機構經費專戶等。經常項目外匯帳戶的開戶數量、幣種和帳戶資金規模，不受限制。

經常項目項下還有一個比較特殊的外匯帳戶，即待核查帳戶，該帳戶用於有出口貿易的企業，收入範圍僅限於貿易外匯收入，支出範圍包括結匯或劃入企業經常項目外匯帳戶等。待核查帳戶之間，資金不得相互劃轉，也不能結匯或者用於抵押、質押，帳戶資金按活期存款計息。

二、前期費用外匯帳戶

該帳戶用於存放外國投資者，在境內從事與直接投資活動相關的前期費用資金。帳戶以外國投資者名義，於擬設立外商投資企業註冊地開立，外國投資者設立一家外商投資企業，僅可開立一個前期費用外匯帳戶。

該帳戶內資金不得用於質押貸款、發放委託貸款，其來源限於境外匯入，不得以現鈔存入。帳戶內資金餘額可在成立外商投資企業

後轉入其資本金帳戶；若未設立外商投資企業，外國投資者應向銀行申請關閉該帳戶，帳戶內剩餘資金原路匯回境外。

三、資本金外匯帳戶

該帳戶用於收取和存放外國投資者匯入外商投資企業的現匯出資。帳戶以外商投資企業名義開立，可在不同銀行開立多個，允許異地開戶。

帳戶以外商投資企業登記時確定的可流入額度，控制各資本金帳戶內資金的流入，各資本金帳戶累計流入總金額，以系統中顯示的尚可流入額度為上限。因匯率差異等特殊原因，導致實際流入金額超出尚可流入金額的，累計超出金額不得超過等值3萬美元。帳戶內資金不得以現鈔存入。

四、外債外匯帳戶

該帳戶用於收取境內企業借用的外匯外債資金及歸還外債的本金和利息。外債帳戶包括外債專用帳戶和還本付息專用帳戶，企業可在所屬的分局轄區內，選擇銀行開立外債帳戶，一筆外債最多可開立兩個外債專用帳戶；不同外債，應分別開立外債專用帳戶。一筆外債最多開立一個還本付息專用帳戶。因特殊經營需要，須在所屬分局轄區以外選擇開戶銀行，或者開立外債帳戶超出規定個數的，應經所在地外匯局核准。

帳戶內資金，不得用於證券投資；除擔保公司外，不得用於抵押或質押；除外商投資租賃公司、外商投資小額貸款公司外，不得用於放款；必須轉存定期存款的，在不發生資金匯兌的前提下，債務人可在同一分局轄區內、同一銀行自行辦理；結匯後的人民幣資金，不能用於償還境內金融機構發放的人民幣貸款。對於境內中資企業和

中、外資銀行借用的外債資金，未經外匯局批准不得結匯。

五、資產變現外匯帳戶

資產變現外匯帳戶，包括境內資產變現帳戶和境外資產變現帳戶，分別存放境內主體出售境內或境外資產權益所得外匯。帳戶以境內主體名義開立，針對一筆轉讓交易（分次支付不做為多筆交易），出售方僅可開立一個資產變現帳戶，允許異地開戶。

帳戶實行限額管理，限額為外匯局資本項目信息系統中登記的開戶主體可匯入額度。因匯率差異等特殊原因，導致實際流入金額超出尚可流入金額的，累計超出金額不得超過等值3萬美元。帳戶內資金不得以現鈔存入。

【59】外幣帳戶用途（下）

外匯帳戶指開戶主體以可自由兌換貨幣，在開戶金融機構開立的帳戶，本文繼前一章外匯帳戶用途（上），繼續分析大陸企業主要涉及的外匯帳戶及其用途。

六、境外放款專用外匯帳戶

該帳戶用於境內企業，向境外與其具有股權關聯關係的企業的外匯放款及收回境外放款本金和利息。放款人如有多筆境外放款，可統一開立一個境外放款專用帳戶，並通過該帳戶進行相應資金劃轉。所有境外放款的資金必須經境外放款專用帳戶匯出境外，還本付息資金必須匯回其境外放款專用帳戶。

境外放款實行餘額管理，境內企業境外放款餘額不得超過其淨資產的30%；上海自貿區內的企業，境外放款餘額不得超過其淨資產的50%。在外匯局核准的境外放款額度內，可一次或者分次向境外匯出資金。

七、外匯資金主帳戶

外匯資金主帳戶，包括國際外匯資金主帳戶及國內外匯資金主帳戶。上海自貿區內企業，及區外企業符合內控制度完善、上年度外匯收支規模超過1億美元、最近3年無重大外匯違規行為等條件的，可申請開立外匯資金主帳戶。上海自貿區內的企業，可在上海區域內的任何銀行開立，區外企業須在註冊地銀行開立。利用該帳戶，可對大陸境內關係企業的資本項下及經常項下的外匯資金，進行集中管理，建立起大陸境內成員企業間的外匯資金池。

例如，通過國內外匯資金主帳戶，可將境內關係企業的外債額

度予以集中，並為那些沒有外債額度的關係企業，從其他還有外債額度的關係企業調度外債資金來使用。假設關係企業A外債額度已用畢，但B還有外債額度，那就可以利用外債集線模式，將B企業的外債額度調配給A使用，達到降低資金使用成本的目的。

對於上海自貿區內的企業，還可利用該帳戶放大對外放款額度。目前境內企業對外放款額度，最高為其淨資產的30%，而自貿區內企業可以為其淨資產的50%，自貿區內企業可將境內成員企業的對外放款額度集中，集中後的對外放款額度，為境內成員企業淨資產之和的50%。

八、保證金專用外匯帳戶

保證金專用外匯帳戶，是用於接收境外匯入、境內劃入土地競標保證金、產權交易保證金等的外匯帳戶。該帳戶區分為境外匯入保證金專用帳戶和境內劃入保證金專用帳戶兩類，不得混用。每個開戶主體只能開立一個境外匯入保證金專用帳戶，可開立多個境內劃入保證金專用帳戶。帳戶應在開戶主體註冊地開立，不設限額，不得異地開戶。

帳戶內資金僅做為交易保證用途，不得結匯，不得用於質押貸款。境內劃入保證金專用帳戶內資金，無論是否競標成功，均應劃回原劃入帳戶。境外匯入保證金專用帳戶內資金，在競標成功後，可做為境內投資的出資，劃入外匯資本金帳戶或境內資產變現帳戶；競標未成功的，應原路匯回境外。帳戶內資金不得以現鈔存入。

九、境內再投資專用帳戶

境內再投資專用帳戶，是境內主體以其境內直接投資項下外匯帳戶內資金，或其他合法外匯資金，在境內投資設立企業時，被投資

企業在銀行申請開立的，用於接收上述投資款的外匯帳戶。該帳戶僅可開立一個，可以異地開戶。

　　帳戶實行限額管理，若因匯率差異等特殊原因，導致實際流入金額超出尚可流入金額，累計超出金額不得超過等值3萬美元。帳戶內資金不得以現鈔存入。此類帳戶資金無須辦理外國投資者出資確認登記。

十、相關罰則

　　開戶主體有下列違反外匯帳戶管理規定行為的，由中國外匯局責令改正，撤銷外匯帳戶，通報批評，並處5萬元以上30萬元以下的罰款：

　　1. 擅自在境內開立外匯帳戶。

　　2. 出借、串用、轉讓外匯帳戶。

　　3. 擅自改變外匯帳戶使用範圍。

　　4. 擅自超出外匯局核定的外匯帳戶最高金額、使用期限使用外匯帳戶。

　　開戶金融機構擅自為開戶主體開立外匯帳戶，擅自超過外匯局核定內容辦理帳戶收付，或者違反其他外匯帳戶管理規定，由外匯局責令改正，通報批評，並處10萬元以上30萬元以下的罰款。

【60】貿易項下收付匯常見問題（上）

中國大陸是外匯管制國家，為大力推進貿易便利化，其國家外匯管理局發布了《關於印發貨物貿易外匯管理法規有關問題的通知》（匯發[2012]38號），自2012年8月1日起，在全國取消貨物貿易外匯收支的逐筆核銷，改為對企業貨物流、資金流實施非現場總量核查，並對企業實行動態監測和分類管理。在匯發[2012]38號文執行過程中，企業或銀行經常會碰到一些問題，本文針對貿易項下收付匯中的常見問題歸納如下。

一、哪些業務須進行貿易信貸報告？如何操作？

A類企業30天以上（不含）的預收貨款或預付貨款、B類和C類企業在監管期內發生的預收貨款或預付貨款，以及A類企業90天以上（不含）的延期收款或延期付款、B類或C類企業在監管期內發生的30天以上（不含）的延期收款或延期付款，應進行貿易信貸報告。

企業應當在收付款或進出口之日起30天內，透過監測系統企業端，向外匯局報告相應的預計出口或進口日期、預計出口或進口對應的預收或預付金額、預計收款或付款日期、延期收款或延期付款對應的報關金額、關聯關係類型等信息。

上述規定應當報告的貿易信貸業務，企業未在貨物進出口或收付款業務實際發生之日起30天內報告者，應提交下列資料到外匯局現場報告：

1. 情況說明：說明未能及時透過監測系統企業端網上報告的原因、須報告的事項和具體內容。

2. 外匯局要求的相關證明資料如：進出口合同正本和加蓋企業公章的影本；國際收支申報單正本和加蓋企業公章的影本（預收、預

付報告時提供）；進出口報關單正本和加蓋企業公章的影本（延收、延付報告時提供）。

對於上述規定範圍以外的貿易信貸業務，企業可根據相關業務對其貿易外匯收支與進出口匹配情況的影響程度，自主決定是否向外匯局報告相關信息。如須報告，企業可在貨物進出口或收付款之日起30天內，透過監測系統企業端向外匯局報告，或在進出口或收付款之日起30天後（不含），到外匯局現場報告。

但實務中，預收貨款時實際出口日期跟報告的預計出口日期，往往不一致，是否需要調整，則須具體區分：（1）如果實際出口日期與報告的預計出口日期屬於同一個月，無須調整；（2）如果實際出口日期與報告的預計出口日期不屬於同一個月，應進行調整。但對已報告且過了預計出口日期的預收貨款報告資料，不能進行調整。預付貨款報告、延期收款報告和延期付款報告的調整，可比照預收貨款辦理。

二、海外代付，企業是否須進行貿易融資業務報告？

90天以上（不含）的海外代付，預計付款日期在貨物進口日期之後的，企業應當在貨物進口之日起30天內，透過監測系統企業端向外匯局報告預計付款日期、對應報關金額及業務性質等信息。

90天以內的海外代付，企業可根據相關業務對其貿易外匯收支與進出口匹配情況的影響程度，自主決定是否向外匯局報告相關信息。其中，貨物進口日期，以進口貨物報關單上標明的進口日期為準；實際對外付款日期，以國際收支申報單證上標明的付款日期為準。

三、報關單金額與收付匯金額存在差額時，是否必須進行差額業務報告？

單筆進口報關單金額與相應付匯金額、單筆出口報關單金額與相應收匯金額存在差額時，企業可根據該筆差額對其外匯收支與進出口匹配情況的影響程度，自主決定是否向外匯局報告差額金額及差額原因等信息。對於存在多收匯或多付匯差額和多出口或多進口差額的，企業可在業務發生之日起30天內，透過監測系統向外匯局報告，或在30天後到外匯局現場報告。

【61】貿易項下收付匯常見問題（下）

本文繼續針對貿易項下收付匯中的常見問題歸納說明如下：

四、跨境貿易中以外幣報關時，能否使用人民幣進行結算？

企業應儘量保持出口和收匯幣種的一致。對企業以外幣報關進出口的貨物，之後採用人民幣進行結算的，應在銀行辦理人民幣收付款手續時，如實填寫《跨境人民幣結算收付款說明》，註明「外幣報關人民幣結算」字樣和相應的外幣進出口報關單號、報關金額等，由銀行向人民幣跨境收付信息管理系統報送有關信息。

五、出口貨物出現品質問題必須退匯，企業如何辦理退匯？超期限退匯時如何辦理？

企業收到國外客戶的貨款後，如果因貨物出現品質問題必須退匯，可以退給原付款人付匯時使用的外匯帳戶以外的外匯帳戶，但必須是以原付款人名義開立的帳戶。退匯日期與原收款日期間隔在180天（不含）以上的退匯，必須先到外匯局辦理貿易外匯業務登記手續，外匯局審核企業提交資料無誤後，向企業出具加蓋「貨物貿易外匯業務監管章」的紙本《貨物貿易外匯業務登記表》（簡稱《登記表》），並透過監測系統將《登記表》電子信息發送指定的銀行。企業憑《登記表》在登記金額範圍內，直接到指定銀行辦理相關業務。180天（含）以內的退匯，企業可以直接憑原收匯憑證、原收入申報單證和原出口合同，直接到銀行辦理。退匯時，境內付款人應當為原收款人，境外收款人應當為原付款人。

六、銀行為企業辦理貿易收付匯涉及延收、延付、預收、預付等情況時，是否須在監測系統查詢企業貿易信貸報告情況以及有關額度？

　　銀行應當根據企業的名錄和分類狀況，辦理貿易外匯收支業務，無須查詢企業貿易信貸報告情況。對A類企業的貿易信貸業務，不再實行額度管理；B類企業的電子資料核查總額度中，包含了預收貨款和預付貨款的額度；C類企業則須逐筆辦理貿易外匯收支，無論是否涉及貿易信貸，均應當在外匯局出具的《貨物貿易外匯登記表》的登記金額範圍內辦理。

七、以人民幣結算的境內貿易收支，是否必須進行收支信息申報？申報時，應由收款方還是付款方填寫有關憑證？

　　根據中國外匯管理局《關於做好調整境內銀行涉外收付憑證及相關信息報送準備工作的通知》（匯發[2011]49號），境內居民（包括機構和個人）之間通過境內銀行辦理的外匯收付款，以及貨物貿易核查項下人民幣收付款，應按要求填報境內收付款憑證。其中，貨物貿易核查項下外匯和人民幣收付款，收付款雙方均應填寫境內收付款憑證；非貨物貿易核查項下外匯收付款，由付款方填寫《境內匯款申請書》或《境內付款／承兌通知書》，收款方無須填寫《境內收入申報單》。

　　境內銀行應向中國外匯管理局報送境內居民填寫的上述境內收付款憑證涉及信息，無須填寫《境內收入申報單》的境內外匯收入基礎信息。

　　因此，以人民幣結算的境內貿易收支，應參照上述規定進行收支信息申報，並由收付款雙方填寫有關憑證。

八、代理進口業務項下，委託方是否可憑委託代理協議購匯？

　　代理進口業務項下，委託方不得購匯。委託方可憑委託代理協議將外匯劃轉給代理方，也可由代理方購匯。

【62】外幣資本金意願結匯政策解析

外匯資本金意願結匯，是指外商投資企業資本金帳戶中已經辦理出資權益確認的外匯資本金，可以根據企業實際經營需要，在銀行辦理結匯。

一、實施外匯資本金意願結匯的試點區域

1. 上海自貿區：根據《關於中國（上海）自由貿易試驗區外匯管理實施細則的批覆》（匯覆[2014]58號），上海自貿區內設立的企業，從2014年2月26日起實施。

2. 天津濱海新區、蘇州工業園區、廣州南沙新區、橫琴新區、成都市高新技術產業開發區、平潭綜合實驗區、中關村國家自主創新示範區、深圳前海深港現代服務業合作區等16個試驗區：根據《關於在部分地區開展外商投資企業外匯資本金結匯管理方式改革試點有關問題的通知》（匯發[2014]36號），上述區域內設立的企業，從2014年8月4日起實施。

3. 其他區域：根據《跨國公司外匯資金集中運營管理規定（試行）》（匯發[2014]23號），除上述區域外設立的企業，符合內控制度完善、上年度外匯收支規模超過1億美元、最近3年無重大外匯違規行為等條件的，可申請開立國內外匯資金主帳戶，來進行意願結匯，從2014年6月1日起實施。

二、意願結匯比例

目前意願結匯比例暫定為100%，外匯局可根據國際收支形勢進行調整。實行意願結匯的同時，企業仍可選擇現行支付結匯制使用其外匯資本金。

三、對意願結匯所得人民幣資金的管理

1. 對意願結匯所得人民幣資金，納入結匯待支付帳戶管理，企業應在其資本金帳戶開戶銀行開立一一對應的結匯待支付帳戶，存放意願結匯所得人民幣資金，並按照真實交易原則，通過該帳戶辦理各類支付手續。對於按支付結匯原則結匯所得人民幣資金，不得通過結匯待支付帳戶進行支付。

2. 結匯待支付帳戶內的人民幣資金，未經外匯局批准，不得購匯劃回資本金帳戶；同名待支付帳戶間的資金，不得相互劃轉。

3. 銀行在為企業辦理結匯所得人民幣資金支付時，承擔真實性審核責任，在辦理每一筆資金支付時，均應審核前一筆支付證明資料的真實性與合規性，並應按規定及時報送結匯待支付帳戶開立、關閉情況以及帳戶資金使用等信息。

對於以備用金名義使用的，銀行可不要求其提供真實性證明資料，但單一企業每月備用金支付累計金額，不得超過等值60萬元人民幣。

另，根據匯發[2014]36號文，對於申請一次性將結匯待支付帳戶中全部人民幣資金進行支付的企業，如不能提供相關真實性證明資料，銀行不得為其辦理支付。

四、意願結匯所得人民幣資金的用途及限制

意願結匯所得人民幣資金的使用，應遵循之前外匯資本金的相關規定，在企業經營範圍內真實自用，不得用於以下用途：

1. 不得直接或間接用於企業經營範圍之外，或中國法律法規禁止的支出。

2. 除法律法規另有規定外，不得直接或間接用於證券投資。

3. 不得直接或間接用於發放人民幣委託貸款（經營範圍許可的

除外）、償還企業間借貸（含第三方墊款）以及償還已轉貸予第三方的銀行人民幣貸款。

4.除外商投資房地產企業外，不得用於支付購買非自用房地產的相關費用。

五、以結匯資金開展境內股權投資的管理

根據匯覆[2014]58號文及匯發[2014]36號文，除原幣劃轉股權投資款外，允許以投資為主要業務的外商投資企業，在其境內所投資項目真實、合規的前提下，將結匯待支付帳戶內的資金按實際投資規模，劃入被投資企業帳戶。

上述企業以外的一般性外商投資企業，以結匯資金開展境內股權投資的，應由被投資企業先到所在地外匯局辦理境內再投資登記，並開立相應結匯待支付帳戶，再由開展投資的企業按實際投資規模，將結匯所得人民幣資金劃往被投資企業開立的結匯待支付帳戶。

【63】境外人民幣借款匯入境內途徑解析

由於境外借款利率低於中國大陸境內，企業為降低融資成本，通常先在境外借入款項，然後通過各種途徑匯入境內。境外人民幣借款既可以原幣匯入境內，也可以兌換為外幣匯入境內。針對各種途徑具體解析如下。

一、貿易項下預收貨款

該方式適用於有出口業務的企業，操作方式如下：

1. 境外關聯方以預付貨款方式，將境外借款匯入境內企業。

2. 境內企業將貨物出口至境外關聯方，境外關聯方再銷售給境外客戶。

3. 境外客戶按帳期支付貨款給境外關聯方。

但須注意，根據《關於印發貨物貿易外匯管理法規有關問題的通知》（匯發[2012]38號），中國外匯局定期或不定期對企業一定期限內的進出口資料和貿易外匯收支資料，進行總量比對，如果預收貨款、預付貨款、延期收款或延期付款各項貿易信貸餘額比率大於25%，或1年期以上的預收貨款、預付貨款、延期收款或延期付款各項貿易信貸發生額比率大於10%，外匯局可實施現場核查，並可能將企業列為B類或C類企業。

二、外債

該方式適用於有外債額度（投資總額－註冊資本，即「投註差」）的企業，但須注意：

1. 外幣外債：短期外債按餘額計入外債額度，中長期外債按發生額計入外債額度，不能結匯歸還境內銀行的人民幣借款。

2. **人民幣外債**：不分短期外債和中長期外債，均按發生額計入外債額度，但可用於歸還境內銀行的人民幣借款。

因此以外債方式匯入境內時，須考慮借入外債的幣別及期限。

三、跨境人民幣借款

目前各地實施的跨境人民幣借款新政，是新增加的可跨境借款額度，不占用原來按「投註差」計算的外債額度，並將融資主體由外商投資企業擴大到了中資企業，具體包括在深圳前海服務業合作區、昆山兩岸合作試驗區、上海自貿區及蘇州工業園區內設立的企業，在一定條件下可從境外借入人民幣款項。上述地區的跨境人民幣借款異同如下頁表格所示。

另外提示，《根據關於發布〈跨境擔保外匯管理規定〉的通知》（匯發[2014]29號），對於境外以「內保外貸」方式獲取的資金，未經外匯局批准，不得通過向境內進行借貸方式直接或間接調回境內使用，包括使用擔保項下資金向境內企業預付貨物或服務貿易款項，且付款時間相對於提供貨物或服務的時間提前超過1年、預付款金額超過100萬美元及買賣合同總價30%的（出口大型成套設備或承包服務時，可將已完成工作量視同交貨）。但如果企業是為自身債務提供擔保，或是為境內其他債務人的外債提供擔保，則不屬於此次匯發[2014]29號文所規範的「內保外貸」範圍內，所以境內企業以自有大陸資產在境外擔保所取得的資金，是可以透過本身的「投註差」外債，或是前海、上海自貿區、蘇州工業園區等地的跨境人民幣借款方式，匯回大陸境內使用。

項目	深圳前海服務業合作區	昆山兩岸合作試驗區	上海自貿區	蘇州工業園區
借款對象	前海區內註冊企業	昆山境內註冊的台資企業	自貿區內註冊企業	蘇州工業園區內註冊企業
貸款對象	香港可從事人民幣業務的銀行	台資企業集團內企業	境外資金來源不限	新加坡註冊的銀行
貸款額度	無額度，人民銀行備案	企業集團內部境內成員所有者權益總額之和	不得超過實繳資本×1倍×宏觀審慎政策參數	由蘇州人民銀行核定，須超額度的，可向主辦銀行申請增加
貸款期限	不限	不限	1年（含）以上	不限
貸款用途	1. 不得投資有價證券、金融衍生品及購買理財產品。 2. 不得購買非自用房產。 3. 不得用於委託貸款。			可用於集團內企業委託貸款，其他限制同左。
是否占用外債額度	不占用			

【64】境內外幣貸款用途解析

目前大陸境內外幣貸款利率遠低於人民幣貸款利率，因此企業可用境內外幣貸款取代人民幣貸款，但由於對外幣貸款用途有一定限制，所以並不是每個企業都適合借用外幣貸款。

一、出口押匯項下的外幣貸款

根據中國《結匯、售匯及付匯管理規定》（銀發[1996]210號）及《關於實施〈境內外資銀行外債管理辦法〉有關問題的通知》（匯發[2004]59號），中、外資金融機構發放的國內外幣貸款，除出口押匯外，不得結匯。這樣就限制了外幣貸款的企業，例如：對於業務形態是內購內銷的企業而言，由於其款項支付均用人民幣，如果外幣貸款不能結匯，企業借用外幣貸款也沒法使用。因此，對於沒有外購的企業而言，選擇外幣貸款更多的是出口貿易項下的出口押匯，這樣企業可結匯使用，也不限制結匯資金用途。

二、除出口押匯外的外幣貸款

根據中國外匯管理局《關於實施國內外匯貸款外匯管理方式改革的通知》（匯發[2002]125號），境內外幣貸款可用於企業償還貸款、經常項下支出及經批准的資本項下支出，具體如下。

1. 償還貸款

由於外幣貸款除出口押匯外不能結匯，因此不能用於償還人民幣貸款，只能用於償還外幣貸款，包括境內外幣貸款及外債。

近年來，由於人民幣升值、人民幣定存利率有可能高於外幣貸款利率或外債利率等因素影響，部分企業為賺取匯差或利差，偏好選擇外幣貸款。但在境內外幣貸款不能結匯的情況下，部分企業，特別

是外資企業，利用外債可以結匯的特點，採取「借用境外短期外債→外債結匯→辦理境內外幣貸款→償還外債」，如此，通過對外舉借外債，並將外債結匯成人民幣資金使用，然後用外幣貸款來償還外債，實現了將國內外幣貸款變相結匯，從而規避中國國內外幣貸款的結匯限制。

2. 經常項下支出

企業可用外幣貸款支付貿易項下的外幣貨款、服務項下的外幣款項、外籍人員的工資等經常項下支出。

由於外幣貸款可用於經常項下支出，實務中，部分企業會利用外幣貸款進行循環套利。首先，企業以人民幣定存單質押向銀行申請外幣貸款，並將外幣貸款用於經常項下支出；然後，該企業將生產經營收取的人民幣款項，或將收取的外幣貨款結匯為人民幣款項，再次申請人民幣定存單質押外幣貸款，並再次通過生產經營換成人民幣。如此循環往復，該企業便可獲取超過原始人民幣定存單金額數倍的外幣貸款，賺取利差，在人民幣升值的情況下還可以賺取匯差。

3. 經批准的資本項下支出

根據中國外匯管理局《關於鼓勵和引導民間投資健康發展有關外匯管理問題的通知》（匯發[2012]33號），從2012年7月1日起，允許境內企業使用境內外幣貸款，進行境外放款。之前境內企業境外放款，一直按照中國外匯管理局《關於境內企業境外放款外匯管理有關問題的通知》（匯發[2009]24號），僅允許境內企業在一定限額內，使用其自有外匯資金、人民幣購匯資金以及經外匯局核准的外幣資金池資金，向借款人進行境外放款。

實務中，部分企業將生產經營所賺取的人民幣利潤定存於銀行，然後以人民幣定存單質押申請外幣貸款，再利用該外幣貸款進行境外放款，如此既延遲了利潤分配必須繳納企業所得稅的義務，還可

能賺取了利差。

三、外匯質押人民幣貸款

根據中國外匯管理局《關於境內企業外匯質押人民幣貸款政策有關問題的通知》（匯發[2011]46號），境內金融機構在向境內企業發放人民幣貸款時，可以接受債務人提供的外匯質押，質押外匯來源僅限於經常項目外匯帳戶（出口收匯待核查帳戶除外）內的資金，且外匯質押幣種僅限於銀行間外匯市場掛牌交易的外幣。因此，境內外幣貸款不得用於境內企業人民幣貸款的外匯質押。

【65】個人人民幣跨境業務解析

　　個人既包括境內個人，也包括境外個人；個人人民幣業務，主要有經常項下、直接投資。個人經常項下，是指個人對外交往中經常發生的交易項目，包括貿易及服務、收益、經常轉移，其中貿易及服務是最常見的內容。個人直接投資，是指大陸個人可以使用本人自有金融資產，進行對外直接投資。個人人民幣跨境業務解析如下。

一、經常項下

　　之前，個人經常項下跨境人民幣結算，僅以「試點」形式在浙江義烏、廣西東興、昆山、上海自貿區等地存在。2014年6月11日中國人民銀行頒布《關於貫徹落實〈國務院辦公廳關於支持外貿穩定增長的若干意見〉的指導意見》，明確提出銀行業金融機構可為個人開展的貨物貿易、服務貿易跨境人民幣業務，提供結算服務。

　　政策放開後，首先，個人經常項下跨境人民幣結算更加便利；其次，對境內銀行而言，雖然不再強調必須審核什麼憑證來辦理跨境人民幣結算業務，但並不意味著銀行的審核責任減輕了，而是要參照國際銀行業的通行規則進行業務審核。銀行應在「瞭解你的客戶」、「瞭解你的業務」、「盡職審查」三原則的基礎上，憑個人有效身分證件或者工商營業執照，直接為個人辦理跨境貿易人民幣結算業務，必要時，可要求個人提交相關業務憑證。

　　個人應在真實、合法的交易基礎上，開展跨境貨物貿易人民幣結算，而隨著個人人民幣跨境結算的逐步推廣，各地銀行會制定進行個人人民幣跨境結算業務的所需資料。以昆山為例，無論是個人的貨物貿易還是服務貿易，進行人民幣跨境結算收支時，皆須向境內銀行提供合同、發票等證明貿易真實性的資料，若收支金額超過人民幣50

萬元時，另須提供進出口報關單。另外，個人的服務貿易對外付款超過等值5萬美元以上（不含）時，還須提供經國稅機關審核的《服務貿易等項目對外支付稅務備案表》。

二、直接投資

並不是大陸所有地區都開放了個人人民幣跨境直接投資，目前僅上海自貿區、昆山、蘇州、天津已頒布且執行各自的個人直接投資項目政策，各地政策均大同小異。以蘇州工業園區個人人民幣跨境直接投資政策為例，個人跨境直接投資規定如下：

1. 身分認定

符合下列條件的個人，方能進行個人人民幣跨境直接投資：

（1）區內戶籍居民，年滿18歲的自然人。

（2）區內非戶籍居民，在該地區內工作、生活並能夠提供1年以上當地納稅證明或社保繳納證明。

（3）區內非居民（外籍），在園區內工作或在該地區合法居留1年以上的境外自然人在區內工作滿1年。

2. 投資範圍

個人可通過新設、併購、參股等方式，在境外設立非金融企業，或取得既有非金融企業的所有權、控制權、經營管理權等權益，也可將境外直接投資所得的利潤留存境外，用於再投資。

3. 投資流程

個人應選擇一家蘇州境內銀行機構做為其主辦業務銀行，同時開立一個專門用於辦理對外投資的個人人民幣結算帳戶。個人辦理個人跨境人民幣對外直接投資資金匯出時，應向其主辦業務銀行提供以下資料：

（1）蘇州工業園區個人人民幣境外直接投資登記表。

（2）個人投資者居民身分證原件。

（3）境外直接投資合法性、真實性的相關證明資料。

（4）境外投資企業章程或相關協議。

（5）投資者個人資金來源合法性的承諾書。

（6）跨境業務人民幣結算付款說明。

（7）其他資料。

第四篇

上海自貿區

【66】上海自貿區跨境人民幣雙向資金池解析

上海自貿區22號文首次實現人民幣資金在「雙向資金池」帳戶下，可於境內境外自由劃轉。

人民幣「雙向資金池」，指註冊在上海自貿區內的企業，可在上海區域內任何一家銀行，開立一個人民幣的專門帳戶，這個帳戶類似水庫進行集水或調節水位的功能，只要是屬於同一集團內關聯企業的人民幣資金，不管是在中國大陸境內或境外，都可以以「借貸」關係，將人民幣資金匯往這個「雙向資金池」帳戶。透過這個帳戶整合人民幣資金後，一樣以借貸名義將人民幣資金再劃往同一集團內，不管是在境內或境外，需要人民幣資金的關聯企業。

舉例來說，甲公司註冊在上海自貿區內，乙公司在成都，丙公司在臺灣，甲、乙、丙都屬於同一集團的台資企業，乙的帳上有人民幣閒置資金，丙在臺灣恰恰需要人民幣資金，則乙可以將這些人民幣資金先劃轉到甲所開立的「雙向資金池」帳戶上，再透過這個帳戶，把人民幣資金以借款名義，直接劃轉到境外丙公司的帳上供丙使用；反之亦然，如果乙在成都缺資金，又不想向成都當地銀行融資，而境外丙的帳上又有人民幣現金部位，則除了循「投註差」的舊有外債途徑，將人民幣匯入大陸給甲外，現在也可利用22號文「雙向資金池」新規定，丙先將人民幣資金匯到甲的「雙向資金池」帳上，再由甲借給乙，完成集團內境內境外的資金調度。

這樣的「雙向資金池」規定，在2013年8月昆山34號文中雖然也有提及，但並未清楚說明「雙向」的定義，而2012年人行168號文《中國人民銀行關於簡化跨境人民幣業務流程和完善有關政策的通知》，也只有開放人民幣資金從大陸境內「單向」匯往境外關聯企業，直到這次上海自貿區22號文，才算真正首次實現人民幣資金在

「雙向資金池」帳戶下，可於境內境外自由劃轉。

上海自貿區22號文有關人民幣「雙向資金池」，還有幾個細節值得留意：

1.「集團企業」定義寬鬆，只要是證明有股權關係即可，和所謂「集團」的規模大小無關。

2. 利用「雙向資金池」進行資金調度，金額越大效益越大，因此大型企業使用「雙向資金池」的成本較低。

3. 自貿區內的企業只能開設一個「雙向資金池」帳戶，且帳戶中的資金不能與其他資金混用，同時帳戶內的人民幣資金來源不可是融資貸款，依規定只能是參與企業生產經營、貿易等活動所產生的現金流，才能加入人民幣「雙向資金池」，問題是實務中很難控管，特別是境外的人民幣資金來源更難確認。

4. 上海自貿區22號文未對跨境人民幣「雙向資金池」的資金借貸利率、期限等進行限制，一般情況下應參照同期銀行貸款利率。台商真正要注意的是，由於「雙向資金池」內所發生的資金借貸部分，均須通過銀行以委託貸款方式進行，銀行還會收取一定費用。

很明顯，上海自貿區22號文所定義的「雙向資金池」，遠比昆山34號文和22號文本身的人民幣外債更為靈活，進行跨境人民幣資金調度也更為自由，未來台資企業應在傳統的「投註差」外債、人民幣跨境借款、跨境外幣資金池，人民幣雙向資金池等大陸外匯規定間，尋找自己在境內境外資金調度往來的最大利益。

【67】上海自貿區跨境人民幣借款解析

上海自貿區22號文在人民幣外債額度計算上，未若昆山34號文開放。

2014年2月20日中國央行上海總部公布了22號文《中國人民銀行上海總部關於支持中國（上海）自由貿易試驗區擴大人民幣跨境使用的通知》，這份上海自貿區的22號文，其實就是2013年昆山的34號文，這兩份新規定的目的，都是在過去的老外債，也就是「投註差」外債之外，再開放一條新的人民幣外債路徑，讓企業可以擺脫過去因外債額度不足，無法利用境外便宜資金的處境。

如何計算被允許引入中國大陸的人民幣外債額度，是昆山34號文和這份自貿區22號文最大的差別。昆山34號文的人民幣外債額度，是昆山當地台資企業在大陸境內所有關聯公司的淨資產相加而成，而這份最新的自貿區22號文，出人意料地未在人民幣外債額度上，展現出比昆山更大的開放力度，反而以「參數」為官方日後行政調節人民幣外債部位預留操作空間。22號文的人民幣外債額度計算方法，是以註冊在上海自貿區內的企業實繳註冊資本×1倍×參數，所得到的數額做為人民幣外債額度，如果是自貿區內類似融資租賃公司等非銀行金融機構的人民幣外債額度，則為實繳註冊資本×1.5×參數。目前的參數1，再加上一般情況下台商不太可能到自貿區設立註冊資本金額很高的公司，使得22號文到目前為止，還無法對大陸台商引入臺灣的人民幣資金產生積極作用。

自貿區22號文除了在人民幣外債額度上，看不出比昆山34號文有任何優勢外，在借款期限上也比34號文限制更多。34號文未要求昆山台商向境外關聯方借入的人民幣外債，借款期限必須超過多少時間，而22號文則規定從境外借入的人民幣外債期限必須超過1年，上

海官方的意圖相當明顯，就是自貿區拒絕短期套匯套利的行為，希望資金長期置留在自貿區內。這點雖然符合打造上海成為資金中心的規劃，卻會形成台商境內境外資金調度上的障礙，不利資金綜效的極大化。

但也並非自貿區22號文沒有任何超越昆山34號文的地方，首先，昆山34號文只限於台資企業，非台資企業的昆山外商投資企業完全沒有好處，這部分22號文沒有任何限制，只要是註冊在上海自貿區內的企業，不分內資外資，即使是在自貿區成立前就已經設立的老企業，類似台商設立在上海外高橋保稅區內的外商獨資貿易公司，也都適用22號文，都可以在額度範圍內引入境外人民幣資金。

另外，昆山34號文還限制昆山台資企業只能向境外關聯方借入人民幣外債，不能直接向境外金融機構借入人民幣外債，22號文打破了這個要求，不再設限，自貿區內的企業可以向境外的銀行或任何企業直接借入人民幣外債。

最後，不管是昆山34號文還是上海自貿區22號文，對人民幣外債額度都是走相同的餘額管理制度，也就是自貿區內的企業還掉境外人民幣外債後，額度又會自然生成；另一方面，34號文和22號文對進到大陸的人民幣外債資金，在用途管理層面上，也都強調相同的主張，也就是不可委託理財、不可買股票、不可定存等限制。

【68】從臺灣法令角度解讀上海自貿區22號文

臺灣《公司法》及《公開發行公司資金貸與及背書保證處理準則》，限制了自貿區22號文「雙向資金池」的資金效果。

上海自貿區22號文允許同一集團企業的人民幣資金，在「雙向資金池」帳戶下進行境內境外自由劃轉，因為沒有金額及期間限制，使很多臺灣的企業想透過22號文，以「借貸」名義把臺灣的人民幣資金，透過上海自貿區內新設企業，借給中國大陸境內關係企業使用。問題是，在臺灣《公司法》及《公開發行公司資金貸與及背書保證處理準則》角度來看，問題並不這麼簡單。

首先，臺灣《公司法》第15條規定，「短期融通資金」是指借款期限在1年內，或公司營業週期長於1年才能適用，如果是以營業週期為準，則融資金額也不得超過貸與企業淨值的40%。

另一方面，臺灣的公開發行公司要辦理資金貸與，還須依照《公開發行公司資金貸與及背書保證處理準則》，短期融通資金總額不得超過貸與企業淨值的40%，除非是公開發行公司直接或間接持有100%表決權股份的國外公司間的資金貸與，可不受這項限制，但仍須訂定資金貸與的限額及期限。

臺灣的企業要將臺灣的人民幣資金，透過上海自貿區調入大陸，供大陸關係企業使用時，絕不可只從上海自貿區22號文「雙向資金池」角度單向規劃，還必須符合臺灣端法令要求，特別是在公開發行公司內部作業程序中，必須規定許多資金貸與的「比率」。

雖然這些「比率」可視各家公司實際需求而定，但大部分臺灣的企業為了獲得最大彈性，都會將本身的資金貸與比率訂在上限，也就是公司淨值的40%，至於國外子公司，就會以該子公司淨值的某個倍數來做為資金貸與基準，但要小心的是，公開信息觀測站中的財務

警示專區，是將上市櫃公司最近月份資金貸與他人的餘額，占最近一期財報淨值的比率，定在觸及30%上限就進行強制公開列示。

　　為了避免引起投資人疑慮，多數上市櫃公司的資金貸與他人時，「比率」都不會挑戰「30%」的門檻。

　　最後要提醒臺灣的企業，在利用上海自貿區22號文「雙向資金池」資金調度前，得從臺灣法令先分析以下兩個重點：

　　1. 如果在臺灣的公司註冊資本不大，則利用「雙向資金池」將人民幣調入大陸的想法，由於淨值40%的限制，意義將會大幅降低，就算是利用境外關聯企業匯款進入上海自貿區「雙向資金池」，雖不受淨值40%限制，但境外關聯企業要怎麼取得人民幣資金，是一大問題。

　　2. 公開發行公司一般規模較大，即使受到資金貸與不得超過淨值40%限制，籌措進入「雙向資金池」的人民幣資金較無問題，但用來做為「雙向資金池」的自貿區企業多是新設公司，註冊資本不會太大，因為也屬於該公開發行公司的國外子公司，在資金貸與上同樣受上述臺灣法令限制，也就是只能依該自貿區企業淨值的某個倍數做為資金貸與的上限，這就又限縮「雙向資金池」最終的資金效果。

【69】蘇州工業園區跨境人民幣借款解析

2014年6月13日蘇州工業園區經中國人民銀行總行批覆開展跨境人民幣創新業務試點，中國人民銀行南京分行頒布《蘇州工業園區跨境人民幣創新業務試點管理暫行辦法》（以下簡稱辦法），辦法主要包括新加坡銀行機構對園區企業發放跨境人民幣貸款、股權投資基金人民幣對外投資、園區內企業到新加坡發行人民幣債券、個人經常項下及對外直接投資項下跨境人民幣業務等。跨境人民幣借款，是指新加坡銀行機構向符合條件的園區內企業或項目發放的人民幣貸款，以這種方式借入境外人民幣，不占用企業的投註差外債額度。

一、借款對象

借款企業，是指在蘇州工業園區註冊成立，並在園區實際經營或投資的企業，若企業註冊在園區而在區外實際經營，則不能適用跨境人民幣借款。

除了借款企業的註冊地址、實際經營地址限定外，借款企業的行業也有所限制。辦法規定人民銀行蘇州分行和蘇州工業園區管委會，每年末共同擬定並發布「年度蘇州工業園區跨境人民幣貸款負面行業清單」，從事負面清單行業的企業則不能辦理跨境人民幣借款。目前負面清單行業主要包括嚴重產能過剩行業、高耗能高污染行業、融資平台（不含退出類融資平台）、房地產行業（不含安居性住宅工程）四類行業。

二、放款對象、幣別

跨境人民幣借款只能從在新加坡註冊成立的銀行業金融機構借入，但並不限於是新加坡本土銀行，其他國家、地區的商業銀行在新

加坡設立的分支機構，也可適用。辦法規定，借款幣別必須為人民幣。從新加坡比從大陸境內借入人民幣的借款成本低，但相對從境外借入美元來說，借款成本還是偏高。

三、借款額度

園區對跨境人民幣借款實行餘額管理，對企業無單獨的額度控制，只要借款金額未超過園區跨境人民幣借款餘額總量控管額度，新加坡銀行機構的放款金額可全部流入借款企業。若放款金額超過園區跨境人民幣借款餘額總量控管額度，借款企業可選擇放棄借款，或者在蘇州的主辦銀行「園區內企業跨境人民幣貸款信息登記系統」（以下簡稱「登記系統」）進行預登記，預登記的合同在「登記系統」中進入排隊狀態，在可借入貸款總額度恢復後，按排隊順序依次辦理登記手續。借款企業只有在蘇州的主辦銀行辦理登記手續後，方可使新加坡銀行機構的放款流入借款企業。

四、借款利率、期限

借款企業與新加坡銀行機構跨境人民幣借款的利率、期限等事項，由借貸雙方按照貸款實際用途，在合理範圍內自主確定。值得注意的是，已履行的借款合同允許展期一次，且最長不超過1年。

五、資金用途

借款企業應向蘇州的主辦銀行開立人民幣一般存款帳戶，專門用於跨境人民幣借款的資金收付。帳戶資金不能存定期存款，僅能存活期存款。帳戶資金應按照貸款合同約定的用途使用，並確保用於實體經濟的發展，不得用於投資有價證券和金融衍生品，不得用於購買理財產品、非自用房產，不得用於除借款人集團公司以外企業的委託

貸款。相對上海自貿區、昆山、前海的跨境人民幣借款政策而言,園區放開了集團內大陸企業的委託貸款,集團內的大陸企業也可合法使用跨境人民幣借款,使區內企業跨境人民幣借款的能動性有所提高。

【70】前海、昆山、上海、蘇州 跨境人民幣借款比較

目前深圳前海、昆山、上海、蘇州已頒布各自的跨境人民幣借款政策，其政策比較如下。

一、借款對象

1. 前海借款對象，為深圳前海註冊成立並在前海實際經營或投資的企業。

2. 昆山借款對象，為昆山試驗區內註冊成立並在昆山試驗區實際經營或投資的台資企業，實務中，屬於昆山行政區域的台資企業皆可適用，台資企業既可是臺灣公司或個人直接或間接設立的外商投資企業，也可是臺灣公司間接設立的內資企業。

3. 上海借款對象，為上海自貿區內註冊的企業、金融機構。

4. 蘇州的借款對象，為蘇州工業園區註冊成立並在園區實際經營或投資的企業。

5. 昆山借款對象的性質必須為台資企業，非台資性質的其他企業則無法適用跨境人民幣借款；而除昆山外的另外三地並無此限制。從借款對象的性質來看，昆山借款對象的性質少於另外三地。

6. 上海借款對象的範圍除企業外還包括金融機構，而另外三地借款對象的範圍僅包括企業。從借款對象的範圍來看，上海借款對象的範圍大於另外三地。

二、放款對象

1. 前海放款對象，為香港可從事人民幣業務的銀行。

2. 昆山放款對象，為台資企業集團內的境外企業。

3. 蘇州放款對象，為新加坡註冊成立的銀行業金融機構。

4. 上海放款對象不限，既可是境外銀行，也可是集團內的境外企業。從放款對象來看，上海放款對象的範圍大於另外三地。

5. 借款成本比較：境外美元、台幣的借款成本低，即使加上兌換為人民幣的換匯成本，也低於人民幣借款成本，由於放款對象不同，四地企業的借款成本便有所不同。前海、蘇州的企業，只能從規定的境外銀行直接借入人民幣，而昆山、上海的企業，可通過未限定的境外銀行借入美元、台幣兌換為人民幣。即昆山、上海的企業可以間接形式借入人民幣，故昆山、上海的企業跨境人民幣借款成本，低於前海、蘇州的企業。

三、借款額度

1. 昆山借款額度，為企業集團內部大陸境內成員上年度審計報告所有者權益總額之和。

2. 上海的企業借款額度，為實繳資本×1×宏觀審慎政策參數；上海的非銀行金融機構借款額度，為實繳資本×1.5×宏觀審慎政策參數。

3. 前海、蘇州的企業，皆無具體借款額度限制，二地皆採用區域總量餘額控管。

4. 從借款額度來看，昆山借款額度與企業集團內大陸境內成員所有者權益有關，故與另外三地的借款額度無法直接比較。若前海、蘇州區域的跨境人民幣借款總量額度足夠大，則前海、蘇州的企業借款額度高於上海。上海企業若想獲得較高的借款額度，則其實繳資本必須夠大，從政策本身來看，上海自貿區更歡迎實繳資本較高的企業。

四、借款期限、利率

　　上海自貿區借款期限為1年（含）以上，而另外三地對借款期限未有限制。四地對借款利率無限制，可由借貸雙方自行約定。

五、資金用途

　　四地均要求資金應按照貸款合同約定的用途使用，用於所屬區域實體經濟的發展，不得用於投資有價證券和金融衍生品，不得用於購買理財產品及非自用房產。值得注意的是，上海、昆山、前海的借入資金，不能用於委託貸款，但蘇州的借入資金可用於借款人集團公司內企業的委託貸款。從資金用途來看，蘇州的資金用途大於另外三地。從政策來看，蘇州企業的中國大陸其他關聯方可合法直接使用跨境人民幣借款，另外三地的大陸其他關聯方只能通過貿易方式，間接使用跨境人民幣借款。

　　從上述比較來看，四地的跨境人民幣借款政策各有側重點，昆山強調借款對象為台資企業，上海強調放款對象不限，前海強調借款額度不限，蘇州強調可向集團內的大陸其他關聯方進行委託貸款。

【71】上海自貿區國際、國內資金主帳戶解析

上海的台資銀行應注意58號文，因為「國際外匯資金主帳戶」期末餘額的10%，可做為從境外母行調入資金額度，且不占用銀行短期外債指標。

上海自貿區的許多政策，都是圍繞將上海打造成企業在中國的資金中心而設計，上海自貿區58號文所定義的兩個特別帳戶「國際外匯資金主帳戶」與「國內外匯資金主帳戶」，便是其中一例。

58號文所指的「國際外匯資金主帳戶」與「國內外匯資金主帳戶」，其實是上海自貿區內企業可以開立的兩種特別帳戶，這兩種帳戶並不要求非得在自貿區內的銀行開立，凡是上海區域內的任何銀行，都可以接受自貿區內企業開立這兩種帳戶。

「國際外匯資金主帳戶」很類似台商所熟悉的OBU，這帳戶可以直接與境外資金自由流通，沒有額度限制，但中國外匯局還是以「外債」角度看待「國際外匯資金主帳戶」內的資金進入。自貿區內企業從境外匯入外幣資金前，應先簽訂好外債合同，並在簽訂外債合同後的15個工作日內，在首筆外債資金匯入「國際外匯資金主帳戶」前，向外匯局辦理外債登記。從目前的58號文來看，「國際外匯資金主帳戶」內的資金，最終不是向「國內外匯資金主帳戶」匯出，就是向境外的公司帳戶劃出。

自貿區內企業所開立的「國際外匯資金主帳戶」期末餘額的10%，可做為上海台資銀行從境外母行調入資金的額度，且不占用銀行短期外債指標，這對上海區域內的台資銀行來說，可充分利用臺灣母行的人民幣或美元資金。

自貿區內企業不管是開立國際、國內任何一個外匯資金主帳戶，都要先向外匯局備案，如果公司名稱是ABC公司，則外匯局會

出具《關於ABC公司跨國公司總部外匯資金集中運營管理試點備案通知書》，拿到這張通知書，才可以在上海區域內的銀行開立國際、國內外匯資金主帳戶。

國際、國內外匯資金主帳戶可從事以下業務：

1. 集中管理或使用境內成員單位的資金，也就是把集團內企業的外匯資金，整理後全部匯往上海自貿區的「國內外匯資金主帳戶」。

2. 經常項目外匯資金集中和收付匯，資金集中後可代替集團成員企業進行外匯收付業務。

3. 經常項目軋差淨額結算。

自貿區內企業在大陸境內成員企業的資本金及外債，可歸集到自貿區內企業所開立的「國內外匯資金主帳戶」中，由於自貿區內企業的資本金可以「意願結匯」，也就是註冊資本結匯不用憑合同或發票，想結多少就結多少，關係企業把資本金都匯到自貿區企業的「國內外匯資金主帳戶」結匯後，可減少境內關係企業過去資本金因受限無法結匯的匯率風險。

【72】上海自貿區人民幣、外幣雙向資金池比較

「人民幣」資金池在時間和成本上，都比「外幣」資金池要能解決集團在中國大陸境內成員企業的人民幣資金缺口問題。

自貿區22號文開放的是「人民幣」雙向資金池，58號文則是開放「外幣」雙向資金池，雖然同為跨境雙向資金池，但兩者間存在不小差異，台商必須分析後才能用於各自不同情況下的資金安排。

1. 帳戶開立差異

22號文的「人民幣」雙向資金池，要求自貿區內企業須在上海範圍內的銀行開立「人民幣專用存款帳戶」，且帳戶內資金不能與其他資金混用。

而58號文的「外幣」雙向資金池，雖然也要求自貿區內企業必須在上海範圍內的銀行開立帳戶，但開立的是「國際外匯資金主帳戶」和「國內外匯資金主帳戶」，可用來歸集集團內分布在境外或境內企業的外匯資金。

2. 額度差異

台商同一集團內的境內境外人民幣資金，可以通過上述「人民幣專用存款帳戶」無限額跨境匯進匯出。

「外幣」雙向資金池則對帳戶內資金的往來額度進行限制，其中「國際外匯資金主帳戶」與境外帳戶，可無限額自由往來，僅須進行外債登記，且不占用外債額度。

但「國際外匯資金主帳戶」內的資金要劃轉到「國內外匯資金主帳戶」時，金額不能超過集團在大陸境內企業尚未使用的外債額度總合，再加上借給集團境外公司的金額。而且「國內外匯資金主帳戶」要劃轉到「國際外匯資金主帳戶」時，金額不能超過集團境內企業所有者權益總和的50%。

3. 資金來源差異

22號文規定，「人民幣」雙向資金池中可歸集的資金，必須是集團企業自有人民幣資金，借款的人民幣資金暫不能歸集在該帳戶中。

而「外幣」雙向資金池不但可以歸集團企業自有資金，也可以歸集借款資金，其中「國際外匯資金主帳戶」可歸集境外帳戶的任何資金，「國內外匯資金主帳戶」則可歸集集團境內企業的資本金、外債、經常項下往來的資金。

4. 帳戶用途差異

「人民幣」雙向資金池帳戶僅能歸集團境內境外企業之間，用於經營性融資活動的資金，至於集團內企業及供應鏈企業的跨境人民幣資金集中收付業務，則必須另外開立人民幣專用存款帳戶。

「外幣」雙向資金池帳戶可以直接利用境內境外的外匯資金主帳戶，進行集團內境內外企業間的外幣集中收付業務，外幣的集中收付僅限集團內企業使用，供應鏈企業不能加入。

結論是，「人民幣」資金池適用於集團境內外成員企業間的跨境資金調度，「人民幣」雙向資金池可以比較快解決集團在大陸境內企業的人民幣資金缺口。境外人民幣資金成本較大陸境內低，利用「人民幣」雙向資金池將境外人民幣資金引入大陸，可降低境內企業融資成本，這方面「外幣」資金池就顯得較力不從心。

【73】上海自貿區人民幣、外幣跨境集中收付解析

跨境集中收付的功能，使上海自貿區內的企業可以扮演集團在中國大陸的資金中心，中控大陸地區所有資金，統一向境外收付人民幣或外匯資金。

人民幣跨境集中收付，是指上海自貿區內的企業，可以為集團內的境內、境外關係企業，代收、代付境外客戶人民幣貨款，或是代收、代付境內、外供應鏈企業的人民幣採購款。舉例來說，A公司註冊在上海自貿區內，公司在大陸境內另有5家關係企業，在境外有3家關係企業，過去這8家關係企業各自收取境外客戶人民幣貨款，並獨自支付境外供應商人民幣採購款，但利用上海自貿區22號文，區內企業可開展人民幣跨境集中收付業務，集團可由A公司統一為境內外8家關係企業代收境外人民幣貨款和代付境外人民幣採購款，達到節省財務費用的目的。

外幣跨境集中收付匯，是指上海自貿區內的企業通過國內、國際外匯資金主帳戶，集中代理境內、外成員公司辦理經常項目外匯收付。但須注意的是，為境外關係企業辦理經常項目外匯收付，須通過國際外匯資金主帳戶進行，國內外匯資金主帳戶只能用於為國內企業進行經常項目代收付業務。以上例進行說明，過去這5家關係企業各自收取境外客戶外幣貨款，也獨自支付境外供應商外幣採購款。利用上海自貿區58號文，區內企業可開展外幣跨境集中收付業務，由A公司統一為境內5家關係企業代收境外的外幣貨款和代付境外的外幣採購款。A公司將扮演類似資金水庫功能，成為集團在中國的資金中心。

人民幣、外幣跨境集中收付，均須用於經常項下往來。區內企業須與開展經常項下人民幣、外幣跨境集中收付業務的集團內關係企

業或供應鏈企業，簽訂集中收付協議，明確各自應承擔貿易真實性等責任。使用人民幣、外幣跨境集中收付功能，區內企業可在上海區域內的任何銀行，開立人民幣存款專戶、國內外匯資金主帳戶，該帳戶不可和其他帳戶資金混用。另外，人民幣、外幣跨境集中收付可採用軋差淨額結算，對同一收／付款對手方，區內企業可以通過與對方事先約定的方式，集中辦理資金的跨境收付，無須再逐筆逐單辦理收付。

　　人民幣跨境集中收付的對象，既包括集團境內外關係企業，也包括與集團內企業存在供應鏈關係的集團外企業；外幣跨境集中收付的對象，僅包括集團的境內關係企業。從可代收代付的對象範圍來看，人民幣跨境集中收付遠大於外幣跨境集中收付。對於區內企業而言，若境外關係企業有充足的資金支持，在境內外人民幣融資成本存在較大差異的情況下，區內企業可代境外關係企業收取人民幣貨款，增加資金部位。首先，通過向集團內關係企業的供應鏈企業提前支付貨款，從而獲得現金折扣收益；其次，代集團外的供應鏈企業支付貨款，增加自身競爭優勢、資金收益。

【74】外匯資金主帳戶作用分析

外匯資金帳戶，包括國際外匯資金主帳戶、國內外匯資金主帳戶，兩者可以是多幣種帳戶。國際外匯資金主帳戶，可集中運營管理境外成員企業資金及從其他境外機構借入的外債資金；國內外匯資金主帳戶，可集中運營管理境內成員企業外匯資金，並可辦理經常項目外匯資金集中收付匯、軋差淨額結算等業務。

國際外匯資金主帳戶與境外資金往來自由，且無借款額度限制，但須進行外債登記，不占用企業外債額度。國際外匯資金主帳戶資金可在額度內調入國內外匯資金主帳戶使用，調入額度為境內成員企業尚可借入的外債額度＋集中對外放款未償餘額之和，兩者帳戶之間的資金劃轉，無須進行國際收支申報。

一、58號文與23號文比較

外匯資金主帳戶現行政策，包括《關於中國（上海）自由貿易試驗區外匯管理實施細則的批覆》（匯覆[2014]58號，以下簡稱58號文）、《跨國公司外匯資金集中運營管理規定（試行）》的通知（匯發[2014]23號，以下簡稱23號文）。58號文、23號文對於外匯資金主帳戶的不同點如下：

1. 23號文對非自貿區內的跨國企業適用，規定上年度外匯收支金額必須超過1億美元才符合申請條件；但58號文未對自貿區內企業的外匯收支金額做出限制。

2. 23號文規定對歸集進入國內外匯資金主帳戶的外債，也可採取自主意願結匯方式；但58號文規定自貿區內企業的外債不能採取意願結匯方式，必須根據實際需要才能結匯。

3. 由於23號文對跨國公司外匯收支金額有所限制，對中小型企

業來說，到自貿區設立子公司，利用自貿區58號文開立國內外匯資金主帳戶將境內外資金集中，還是有其價值存在。

二、靈活利用國內外匯資金主帳戶

以資本項目為例，國內外匯資金主帳戶可具備以下功能：

1. 註冊資本金集中、意願結匯

企業可利用國內外匯資金主帳戶，將境內關係企業的外幣註冊資本金進行集中，資本金集中後可以一次或是分次自由結匯為人民幣，可減少境內成員企業資本金的匯率風險。結匯所得人民幣須進入結匯待支付帳戶，須憑合同、協議、發票等才可動用。

和外幣資本金相同，結匯待支付帳戶中的人民幣資金，不能直接或間接用於證券投資、委託貸款，房地產企業外的企業也不能購買非自用房產，但可以用來償還已使用完畢的境內人民幣借款。

2. 外債集中

通過國內外匯資金主帳戶，還可將境內關係企業的外債額度予以集中，並為那些未有外債額度的關係企業，從其他還有外債額度的關係企業調度外債資金來使用。當外債額度集中後，關係企業可在自行借入外債後，將外債資金劃入國內外匯資金主帳戶，也可以由主辦企業統一借入外債後，再分配給境內成員企業使用。

假設關係企業A外債額度已用畢，但B還有外債額度，那就可以利用外債集線模式，將B企業的外債額度調配給A使用，達到降低資金使用成本的目的。

3. 放款額度集中

目前境內企業對外放款額度，最高為淨資產的30%，自貿區內企業可以為淨資產的50%。主辦企業可將境內成員企業的對外放款額度集中，便可用於境內企業對境外母公司或關聯公司借款，解決境內企

業資金無法為境外關係企業使用的問題。

　　值得境內銀行注意的是，58號文、23號文皆規定國際外匯資金主帳戶期末餘額的10%，境內銀行可從境外自由調入資金境內使用且不占用短期外債指標；超過10%的部分，如須調入境內使用，則會占用銀行短期外債指標。

【75】上海自貿區58號文有助台商境內轉投資

　　上海自貿區58號文大幅解決台商股權重組或轉投資企業過程中的資金外匯問題，台商可優先考慮以上海自貿區內新設的企業，做為中國大陸境內的控股公司。

　　資本項下外幣結匯為人民幣資金後的用途，至今仍受到眾多限制，常見台資企業在大陸的美元註冊資本結匯為人民幣後，想拿來轉投資其他企業，或是做為新成立子公司的註冊資本，甚至是整合其他關係企業股權，都因上述資本項下結匯的資金用途限制而無法操作，形成台商須從境外再準備一筆資金匯至大陸投資的窘境。

　　此次上海自貿區58號文，對區內外商投資企業大陸境內再投資，從外匯管制上開了個口子，給予外商投資企業股權投資資金層面更多選擇，主要表現在以下兩種情況：

　　1. 區內包括外商投資性公司、外商投資創業投資企業和外商投資股權投資企業等在內的外商投資企業，未來要開展境內股權投資將有三種資金來源可以選擇，一是將外匯資本金結匯後，劃入被投資企業的人民幣帳戶，這種情況下的資金使用將沒有任何限制；其次是把原來按意願結匯的人民幣資金，進入結匯待支付帳戶後，劃入被投資企業的人民幣帳戶，此資金使用也沒有限制；最後，外幣資本金未結匯，直接劃轉至被投資企業，則被投資企業要運用此筆外幣資本時，就必須受限於資本金結匯相關規定。

　　2. 區內一般外商投資企業，可以以資本金帳戶內的外幣資金，原幣劃轉到被投資企業的外幣帳戶，也可將按意願結匯的人民幣資金，直接開展大陸境內股權投資，但前提是要先至被投資企業所在地外匯局，辦理境內再投資登記，並開立結匯待支付帳戶，再由準備投資的企業將結匯後的人民幣資金，劃入上述結匯待支付帳戶內；在結

匯待支付帳戶內的資金，使用時須按資本金結匯方式進行管理。

　　台商未來在考慮大陸境內投資架構時，若遇上類似股權整合資金問題，可優先考慮以上海自貿區做為控股公司選項。

　　最後，外商投資性公司、股權投資公司、創業投資公司的註冊資本都比較高，類似性質公司如果設立在自貿區內，利用可提前意願結匯的規定，可以提早鎖定財務報表上外幣兌換人民幣的匯率風險，但須注意的是，即使58號文對台資企業轉投資或進行大陸境內股權重組有這麼多好處，但自貿區內設立外商投資企業，目前還是要比照《外商投資產業指導目錄》規定，列入禁止類範圍內的行業，台商仍不得投資。

【76】上海自貿區FT帳戶分析

　　中國人民銀行上海總部2014年5月發布《中國（上海）自由貿易試驗區分帳核算業務實施細則（試行）》（銀總部發[2014]46號，以下簡稱46號文），46號文允許符合條件的上海自貿區內企業、境外企業、境內外個人設立FT帳戶，並通過FT帳戶進行相關金融業務。

一、目前可開立FT帳戶的主體分為四種類型

1. 區內機構帳戶（FTE）

　　區內機構帳戶必須由在自貿區內設立的企業，或者境外機構駐自貿區機構開立。上述企業或機構可以為法人，也可以為非法人。此類帳戶可開立在上海轄區內通過分帳核算單元驗收的銀行內。

2. 境外機構帳戶（FTN）

　　開立帳戶主體必須是在境外註冊（含港、澳、臺地區）成立的法人或其他組織。這類機構開立的FT帳戶，類似於在境內銀行開立的OBU帳戶或NRA（外幣、人民幣帳戶），但其用途則與OBU帳戶及NRA帳戶存在較大差異。此類帳戶只能在通過分帳核算單元驗收的自貿區內銀行內開立。

3. 個人帳戶

　　FT個人帳戶分為兩種，一種是區內境內個人帳戶（FTI），開戶主體須是在自貿區內工作的中國居民，且須經自貿區內的工作單位向稅務機關代扣代繳個人所得稅超過1年以上；第二種是區內境外個人帳戶（FTF），開戶主體是在自貿區內工作1年以上，持有中國境內就業許可證的境外（含港、澳、臺地區）自然人。境內個人帳戶可在上海轄區內通過分帳核算單元驗收的銀行開立，境外個人帳戶則只能在自貿區內銀行開立。

4. 同業機構帳戶（FTU）

開戶主體為其他金融機構的試驗區分帳核算單元和境外金融機構。境外金融機構的同業機構帳戶，只可開立在自貿區內銀行。

二、FT帳戶管理規定

根據「先本幣、後外幣」的原則推進FT帳戶業務，從本幣起步，條件成熟時擴展到外幣。目前僅開放了人民幣帳戶功能，還未開放外幣帳戶功能。

根據46號文的規定，FT帳戶可辦理經常項下和直接投資項下的跨境資金結算。

1. 區內機構自由貿易帳戶、境外機構自由貿易帳戶、同業機構自由貿易帳戶除須符合46號文的管理規定外，還須參照《人民幣銀行結算帳戶管理辦法》、《境外機構人民幣銀行結算帳戶管理辦法》等規定管理。

2. 區內個人自由貿易帳戶、區內境外個人自由貿易帳戶除須符合46號文規定，還須參照人民銀行和外匯管理有關規定管理。

3. 金融機構可憑收付款指令，辦理各類機構自由貿易帳戶與境外帳戶、境內區外的非居民機構帳戶，以及自由貿易帳戶之間的資金劃轉。收付款指令要素應滿足相關信息報送要求。

4. 機構自由貿易帳戶與境內（含區內）機構非自由貿易帳戶之間產生的資金劃轉（含同名帳戶），應以人民幣進行，並視同跨境業務管理。金融機構應按展業三原則，要求進行相應的真實性審核。

5. 自由貿易帳戶中的資金餘額，暫不納入現行外債管理。

6. 自由貿易帳戶不得辦理現金業務。

【77】上海自貿區FT帳戶用途分析

　　《中國（上海）自由貿易試驗區分帳核算業務實施細則（試行）》（銀總部發[2014]46號，以下簡稱46號文）對上海自貿區分帳核算單元（FT帳戶）與境內帳戶進行人民幣劃轉，進行了詳細的規定。根據規定，上海自貿區FT帳戶採取「成熟一項，推出一項」的管理方式，目前僅開放了人民幣業務，外幣業務及個人業務尚未開放。

　　FT帳戶與境外帳戶、OBU帳戶、NRA等帳戶資金往來，不受境內外匯管制的限制，與境內帳戶的往來則受境內外匯管制的限制。也就是所謂的「與境外完全打通，向境內有限滲透」的嚴格管理。

一、經常項下業務

　　經常項下業務，包括貿易項下、非貿易項下往來。自貿區企業、境外企業可以利用FT帳戶中的資金支付採購款項，或收取銷售款項。

　　由於境內銀行90天以上的外幣海外代付，會占用境內銀行的短期外債指標，因此境內企業與境內銀行進行90天以上的海外代付，較為困難。FT帳戶資金與境外帳戶往來，不受境內外匯管制限制。自貿區企業可通過跨境擔保規定，將境內不動產等直接抵押給境外銀行，在境外銀行獲得信用額度，通過FT帳戶在境外與境外銀行進行應收帳款保理、海外代付等貿易項下融資業務。

二、償還境內銀行貸款

　　根據46號文的規定，FT帳戶中的資金可以用於償還自身名下且存續期超過6個月（不含）的上海市銀行業金融機構發放的人民幣貸

款，償還貸款資金必須直接劃入開立在貸款銀行的同名帳戶。

通過這種方式歸還上海市銀行貸款，並無額度限制，在FT帳戶外幣功能開放後，企業還可以直接用FT帳戶中的外幣兌換成人民幣之後，用來歸還上海市內銀行人民幣貸款。使用FT帳戶資金歸還上海市銀行貸款，等於有限度的放開了外債的額度限制（目前上海自貿區企業借用外幣外債、人民幣跨境借款，均有額度限制）。相對人民幣較高的借款利率，使用外幣借款能大幅降低境內企業的利息負擔。

實務中，歸還上海市銀行發放的人民幣貸款還未開放，目前尚不能進行此類業務。

三、新建投資、併購投資、增資等實業投資

自貿區內企業或境外公司可以通過FT帳戶資金，在境內、境外進行新設企業、併購境內外公司或對境內外公司進行增資等。

四、中國人民銀行上海總部規定的其他跨境交易

對此類業務，46號文並沒有明確說明，如企業有實際需求，須提交人民銀行上海總部進行批准後才能進行。

FT帳戶的開戶金融機構，應當對上述境內帳戶間的資金劃轉進行相應的業務真實性審核。中國人民銀行上海總部可對上述資金劃轉業務進行抽查，並可根據需要，對上述資金劃轉的條件進行調整。另，FT帳戶中的資金餘額不占用境內企業的外債額度，FT帳戶也不能用於提取現金。

FT帳戶與現存的OBU帳戶、NRA帳戶最大的差異在於，OBU帳戶、NRA帳戶與境內帳戶往來視同跨境往來，受境內的外匯管制政策限制，FT帳戶則可按照上面介紹的四種方式，有限度的與境內帳戶往來，且可進行貨幣幣種的自由兌換。

【78】OBU、NRA帳戶與FT帳戶比較分析

OBU、NRA及FT帳戶均為離岸帳戶，但這三個帳戶在開戶銀行、開戶主體、用途上，存在很大差異。

一、開戶銀行不同

OBU帳戶只能在招商銀行、深圳發展銀行、浦東發展銀行、交通銀行等開立，其他銀行均不能開立OBU帳戶。

NRA帳戶則對開戶銀行無限制，可在境內的任意銀行開立。

FT帳戶目前僅允許在通過分帳核算單元的上海轄區內銀行、證券公司、保險公司及信託公司等金融機構開立；外國企業或符合條件的外籍個人的FT帳戶，則只能在上海自貿區內的銀行開立。

二、開戶主體不同

OBU帳戶的開戶主體，可以是境外公司或個人。

NRA帳戶的開立主體則只能是境外公司，境外個人不能開立NRA帳戶。

FT帳戶的開戶主體，則必須是註冊在上海自貿區內的企業、境外機構駐自貿區機構、境外註冊成立的法人或其他組織、自貿區內工作的中國居民，或是區內工作的外籍個人。

三、開戶審核機構不同

OBU帳戶、NRA外幣帳戶及FT帳戶的開戶審核機構，均為開戶金融機構，NRA人民幣帳戶的開戶審核機構為人民銀行。

四、帳戶用途異同

1. 與境外其他帳戶往來

OBU帳戶、NRA帳戶及FT帳戶與境外帳戶往來，均不受境內外匯管制，可自由與境外帳戶往來。

2. 帳戶資金結匯、購匯

OBU帳戶、NRA外幣帳戶中的資金不能結匯或者購匯，NRA人民幣帳戶中的資金可在有真實結算需求時，進行結匯或購匯。FT帳戶資金可自由結匯或購匯，但由於目前FT帳戶只開放了人民幣，外幣尚不能操作。

3. 帳戶中資金能否定存或購買理財產品

除NRA人民幣帳戶中的資金只能按活期存款計息外，OBU帳戶、NRA外幣帳戶、FT帳戶中的資金均可定存或購買理財產品。須注意的是，除自貿區內企業開立的FT帳戶利息合併計入當期應納稅所得額繳納企業所得稅外，其他帳戶的利息收入均按10%繳納企業所得稅（如開戶企業所在地與中國大陸有稅收協議，則按稅收協議稅率繳納）。

4. 帳戶資金與其他帳戶往來

（1）與境外帳戶往來

OBU帳戶、NRA帳戶，FT帳戶資金與境外帳戶往來，均不受境內外匯管制限制，銀行直接憑支付命令進行支付或收款。

（2）與境內帳戶往來

OBU帳戶、NRA帳戶，FT帳戶資金與境內帳戶往來，均受境內外匯管制限制，須提交相應的憑證對交易進行證明。上述帳戶可與境內帳戶進行經常項目（貿易、非貿易往來等）、資本項目（投資、外債等）往來。其中比較特別的是，FT帳戶資金允許歸還超過6個月（不含）自身名下上海市銀行業金融機構發放的人民幣貸款，償還貸

款資金必須直接劃入開立在貸款銀行的同名帳戶。

五、是否占用外債額度

　　OBU帳戶、NRA人民幣帳戶均不占用境內銀行短期外債額度；NRA外債帳戶餘額則占用銀行短期外債額度；FT帳戶餘額如境內銀行存入境內銀行同業帳戶，則占用境內銀行短期外債額度。另，自貿區內企業開立的FT帳戶餘額，不占用自貿區內企業的外債額度。

【79】國際資金主帳戶與FT帳戶比較分析

上海自貿區分別開放了國際資金主帳戶及FT帳戶，這兩個帳戶都具有境外帳戶的性質，但又存在很大的差異。

一、開戶主體不同

之前國際資金主帳戶的開戶主體，只能是上海自貿區內設立的企業。《國家外匯管理局關於印發〈跨國公司外匯資金集中運營管理規定（試行）〉的通知》（匯發[2014]23號文）發布後，大陸境內符合上年度外匯收支金額超過1億美元，且貨物貿易分類結果為A類等一定條件的跨國企業，均可申請開立國際資金主帳戶，但自貿區內企業無論外匯收支金額多少，均可申請開立國際資金主帳戶。

FT帳戶的開戶主體，則可以是註冊在上海自貿區內的企業、境外機構駐自貿區機構、境外註冊成立的法人或其他組織、自貿區內工作的中國居民，或是區內工作的外籍個人。

二、開戶銀行不同

國際資金主帳戶可以在上海轄區內銀行開立。非自貿區企業國際資金主帳戶可選擇企業所在地銀行開立。

FT帳戶除境外註冊成立的法人及其他組織和在區內工作的外籍個人須在通過分帳核算單元驗收的自貿區內銀行開立帳戶，其餘自貿區內企業、境外機構駐自貿區機構等，則可在通過分帳核算單元驗收的上海轄區內銀行開立。另根據規定，FT帳戶還可以在通過分帳核算單元驗收的證券公司及保險公司開立。

三、帳戶收支範圍不同

（一）與境外帳戶往來

國際資金主帳戶與境外帳戶之間往來自由，不受中國外匯管制政策限制。對帳戶資金收入，自貿區企業須進行外債登記，但並不會占用自貿區企業的外債額度。國際資金主帳戶只能收支外幣，不能收支人民幣。

FT帳戶與境外帳戶之間往來自由，且可收支外幣、人民幣。但FT帳戶目前尚未開放外幣業務，僅能從事人民幣業務。

（二）與境內帳戶往來

1. 國內資金主帳戶

企業若同時開立了國際、國內資金主帳戶，則其國際資金主帳戶內資金須劃轉至境內帳戶時，僅能與同一企業開立的國內資金主帳戶往來。如未開立國內外匯資金主帳戶，則可通過國際資金主帳戶直接辦理外債及對外放款業務。

國際資金主帳戶可劃轉至國內資金主帳戶的金額，不能超過境內成員企業尚未使用的外債額度與境外放款餘額之和。根據規定，自貿區內企業對外放款金額不能超過淨資產的50%。企業所開立的「國際資金主帳戶」期末餘額的10%，境內銀行可調入境內使用，且不占用境內銀行短期外債指標。

2. FT帳戶

根據規定，FT帳戶與境內帳戶往來，僅限下列事項：

（1）經常項下業務。

（2）償還自身名下且存續期超過6個月（不含）的上海市銀行業金融機構發放的人民幣貸款，償還貸款資金必須直接劃入開立在貸款銀行的同名帳戶。

（3）新建投資、併購投資、增資等實業投資。

（4）中國人民銀行上海總部規定的其他跨境交易。

四、帳戶用途不同

國際資金主帳戶可用於歸集集團境外成員企業的外幣資金至境內企業帳戶，用該帳戶與國內資金主帳戶配合，來進行貿易、非貿易項下代收代付等業務，主要是發揮資金池的作用。

FT帳戶則更類似於保稅區的概念，主要是用於資本項目項下人民幣與外幣雙向自由兌換的試點用途。

【80】上海自貿區商業保理業務政策解析

《中國（上海）自由貿易試驗區商業保理業務管理暫行辦法》〔中（滬）自貿管[2014]26號，以下簡稱《辦法》〕於2014年2月發布，《辦法》對於自貿區商業保理企業，從設立、業務開展、資金管理及監管措施等方面，進行了詳細規定，具體分析如下。

一、商業保理業務界定

商業保理業務，是指供應商與保理商通過簽訂保理協議，供應商將現在或將來的應收帳款轉讓給保理商，從而獲取融資，或獲得保理商提供的分戶帳管理、帳款催收、壞帳擔保等服務，同時僅指非銀行機構從事的保理業務，銀行從事的保理業務須參照《商業銀行保理業務管理暫行辦法》（中國銀監會令2014年第5號）辦理。

從事商業保理業務的企業，僅指在自貿區內設立的內外資商業保理企業，和兼營與主營業務有關的商業保理業務的內外資融資租賃公司；對於金融租賃公司從事商業保理業務，須按金融行業主管部門要求執行。

二、設立條件

《辦法》對設立商業保理企業之投資者的資產規模、資金實力、相關保理業務經驗等，做出限制，但目前並無具體標準；另外，要求企業註冊資本不低於5,000萬元人民幣，且全部以貨幣形式出資等，對於兼營商業保理業務的融資租賃公司除滿足上述條件外，還須符合融資租賃公司設立的規定。

三、業務範圍

企業可開展進出口保理業務、國內及離岸保理業務，及與商業保理相關的諮詢服務等，而融資租賃公司可申請與租賃物及租賃客戶有關的上述業務。但不得吸收存款、發放貸款或受託發放貸款、受託投資，及專門從事或受託開展與商業保理無關的催收業務及討債業務等。

此前的商業保理業務，一般僅限國內貿易和出口貿易，此次《辦法》最大的改變，在於進口保理業務與離岸保理業務的放開。另外，做為自貿區整體方案中服務業擴大開放措施的一部分，融資租賃公司可申請兼營與主營業務有關的商業保理業務。

四、資金管理及業務監管

1. 企業可以通過向銀行和非銀行金融機構及股東借款、發行債券、再保理等合法管道，進行融資。同時，為防範風險，保障經營安全，企業風險資產一般不得超過淨資產總額的10倍，其中，風險資產按企業的總資產減去現金、銀行存款、國債後的剩餘資產總額確定。

2. 企業須在中國人民銀行徵信中心應收帳款質押登記公示系統，進行網上註冊，在經營過程中須將每筆受讓的應收帳款，在該系統中登記。

3. 企業應委託自貿區內已加入國際性保理企業組織的銀行，做為存管銀行，並與其簽訂資金管理協議，然後在該銀行開設商業保理營運資金的專用帳戶，並只能使用專用帳戶開展日常的商業保理業務。存管銀行應指定專人，負責企業專用帳戶的資金管理與支付結算、審核資料等具體工作；建立商業保理企業融資、放款、還款等資金進出台帳，並與企業定期核對。

4. 企業須做好重大事項報告工作，並於事項發生後5個工作日

內，登錄信息系統向行業主管部門報告。重大事項包括：持股比例超過5%的主要股東變動；單筆金額超過淨資產5%的重大關聯交易；單筆金額超過淨資產10%的重大債務；單筆金額超過淨資產20%的，或有負債情形；超過淨資產10%的重大損失或賠償責任；董事長及總經理等高管人員變動；減資、合併、分立、解散及申請破產；重大待決訴訟、仲裁。

五、其他事項

1. 保理融資實質是應收帳款的轉讓，一般來說，承作應收帳款保理，很大一部分是基於應收帳款之付款人的資信和實力。

2. 根據中國《合同法》規定，供應商在對自有應收帳款轉讓時，應當通知債務人，未經通知，該轉讓對債務人不發生效力。因此，目前在大陸境內開展的保理業務都是明保理（編註：明保理指應收帳款若予以轉讓時，須將此轉讓情況告知債務人的保理）。

【81】上海自貿區對台資銀行影響分析

對設立在上海市內的台資銀行來說，不管是分行還是子行，最關心上海自貿區的重點，莫過於涉及銀行的人民幣外債政策。由於台資銀行在中國大陸普遍遭遇吸收人民幣存款問題，若能從境外引進人民幣資金，可大大增強台資銀行的競爭力。但根據2014年2月22號文規定，設立在自貿區內的銀行，若從境外借入人民幣資金，都必須進入所謂的「分帳核算單元」，而且還限制必須在自貿區範圍內使用，並且要從事與實體經濟有關的業務。

至於「分帳核算單元」，其實就是2014年5月份46號文所指的FT帳戶（自由貿易帳戶），之前曾介紹過FT帳戶類似於臺灣OBU帳戶，所以就算上海的台資銀行能從境外引進人民幣資金到FT帳戶中，人民幣資金還是視同停留在境外，必須符合一定條件後，才能真正調撥到境內帳戶使用。再加上目前對大陸境內企業來說，只有設立在上海自貿區內的企業才有資格開立FT帳戶，所以自貿區內的台資銀行就算引入人民幣資金，也只能服務自貿區內的企業。

其實，有關上海自貿區內銀行借入人民幣外債問題，至今還未有新規定，仍然延用目前銀行外債規定辦理。至於上述22號文和46號文對人民幣借款限額、用途等規定，至今也仍沒有結論。

其次，對於臺灣和香港的台資銀行來說，上海自貿區在業務拓展上有其積極作用：

一、「雙向資金池」專戶

境外台資銀行可鼓勵台資企業先在自貿區內設立公司，型態和註冊資本大小不拘，再用這家自貿區內的企業在上海市範圍內的銀行開立「雙向資金池」專戶，由於「雙向資金池」專戶內的資金不須真

實貿易行為，境外台資企業在大陸境內的子公司若欠缺資金，則境外台資銀行可以先融資給境外台資企業做為境外流動資金，境外台資企業再以本身的收入或現金部位，匯進自貿區的「雙向資金池」專戶，透過這個專戶匯給其他大陸關係企業，這主要是因為「雙向資金池」專戶中的資金不可從貸款取得，必須是自有資金。

二、「代收代付」專戶

「代收代付」專戶和「雙向資金池」專戶，都是22號文為境外台資銀行創造出的新業務機會，先不考量臺灣大陸曝險部位和資金貸與他人上限的規定，這兩個專戶都可以解決過去大陸台資企業受限於外債限額，無法從境外引入人民幣資金的問題。「代收代付」專戶一樣必須由集團設立在自貿區的子公司開立，但不同於「雙向資金池」專戶的是，台資銀行可以直接將資金借給「代收代付」專戶（對自貿區公司來說，是代境內企業收境外貨款），再由這個「代收代付」專戶去支付境內的採購款項，降低大陸境內資金壓力。

三、FT帳戶

境外台資銀行鼓勵台資企業在自貿區內設立子公司，除了開立以上兩種專戶外，還可再開立「FT帳戶」，境外台資銀行可直接融資給FT帳戶，FT帳戶中的資金可拿來投資、償還6個月以上的上海市內銀行貸款和貿易融資三大用途。簡單說，台資銀行可透過FT帳戶直接置換台商在上海的人民幣負債；置換台商在大陸境內的人民幣負債對境外台資銀行來說，也會是項好業務。

【82】跨境人民幣資金池新規解析

中國人民銀行2014年11月2日發布了324號文《中國人民銀行關於跨國企業集團開展跨境人民幣資金集中運營業務有關事宜的通知》，比照2014年上海自貿區22號文，正式允許符合條件的跨國企業集團，在大陸開展跨境人民幣雙向資金池，與經常項下跨境人民幣集中收入業務。

和上海自貿區22號文的跨境人民幣雙向資金池業務相比較，324號文在資金池成員的股權、營收或是資金進出額度等方面，都更為嚴格。

一、跨國集團定義

324號文除規定，跨國企業集團間必須有股權關係，必須是由境內外母公司、子公司、參股公司及其他成員企業共同組成的企業聯合體，還要求加入資金池的成員企業必須有一定控股比例：

1. 母公司及其控股51%以上的子公司。

2. 母公司、控股51%以上的子公司單獨或共同持股20%以上的公司，或持股不足20%但仍為最大股東。

二、成為資金池成員企業的限制條件

資金池成員企業除須滿足上述控股比例外，還有以下限制：

1. 境內、外成員企業須經營3年以上。

2. 不屬於地方政府融資平台、房地產行業、未被列入出口貨物貿易人民幣結算重點監管名單。

3. 境內成員企業上年度的營業收入，合計總金額不可低於人民幣50億元。

4. 境外成員企業上年度的營業收入，合計總金額不可低於人民幣10億元。

三、雙向資金池額度限制

324號文對雙向資金池業務實行上限管理。

1. 計算公式如下：

跨境人民幣資金淨流入額上限

$$= \sum （境內成員企業的所有者權益 \times 跨國企業集團的持股比例）$$
$$\times 宏觀審慎政策參數$$

所謂「宏觀審慎政策參數」，就是由人民銀行視情況調整，這次一開始的初始值是0.1。

2. 跨境人民幣資金淨流出不設上限。324號文的雙向資金池帳戶，淨流入餘額不能超過淨流入額上限，這裡所指的上限額為淨流入、流出概念，如果境內成員企業通過雙向資金池從境外成員企業借入人民幣1億元，又通過雙向資金池借給境外成員企業人民幣5,000萬元，則其跨境人民幣資金淨流入額為人民幣5,000萬元。

四、資金池資金用途限制

和上海自貿區22號文相似，324號文的雙向資金池帳戶中的資金也不能投資有價證券、金融衍生品及購買非自用房，只能從事生產經營和實業投資活動。

簡單說，此次324號文雖說是對全中國企業開放等同上海自貿區22號文的雙向資金池業務，但單是境內成員企業的年營收不低於50億人民幣、境外成員企業年度營收不低於人民幣10億元的門檻，就可看出324號文是針對大企業而非屬於中小企業的台商，再加上此次324號文的資金進出額度還有額度限制，不像上海自貿區22號文完全

無限制，相比之下，還是上海自貿區的雙向資金池業務對台商來說較
有吸引力。

第五篇

銀行會計、稅務

【83】同業業務會計處理及其對撥備和資本的影響

2014年4月24日，中國人民銀行、銀監會、證監會、保監會、外匯局聯合發布了《關於規範金融機構同業業務的通知》（銀發[2014]127號，以下簡稱《通知》），該《通知》逐項界定同業拆借、同業存款、同業借款、同業代付、買入返售（賣出回購）及同業投資等同業投融資業務，並規範各項同業業務的會計處理方法。

對其中主要同業業務的帳務處理分析如下。

一、同業借款、同業拆借、同業存款

同業借款、同業拆借、同業存款三種業務較之前的相關規定，並無大的改變，其中同業借款和同業拆借的相關款項在「拆出資金」和「拆入資金」科目核算，同業存款相關款項在「同業存放」和「存放同業」科目核算，均可按拆放或存放的金融機構進行明細核算。

二、同業代付

同業代付指商業銀行（受託方）接受金融機構（委託方）的委託，向企業客戶付款，委託方在約定還款日償還代付款項本息的資金融通行為。

根據之前《關於銀行業金融機構同業代付業務會計處理的覆函》（財辦會[2012]19號）及《關於規範同業代付業務管理的通知》（銀監辦發[2012]237號）規定，同業代付分為境內同業代付和海外代付，可根據相關協議條款判斷其交易實質，並根據融資資金的提供方不同，以及代付本金和利息的償還責任不同，區別下列情況分別處理：

1. 如果委託行承擔合同義務，在約定還款日無條件向受託行償

還代付本金和利息：委託方做為對申請人發放貸款，在「貸款」科目核算；受託行做為向委託行拆出資金，在「拆出資金」科目核算。

2. 如果申請人承擔合同義務，向受託行在約定還款日償還代付本金和利息（無論還款是否通過委託行），委託行僅在申請人到期未能償還代付本金和利息的情況下，才向受託行無條件償還代付本金和利息：委託行只對承擔的擔保或代理部分確認中間業務收入，在「手續費及佣金收入」科目核算；受託行做為對申請人發放貸款，在「貸款」科目核算。

而2014年的《通知》規定，同業代付原則上僅適用於銀行業金融機構辦理跨境貿易結算，同時明確受託行在「拆出資金」科目核算，委託行在「貸款」科目核算，即不管協議條款如何約定，委託行均在「貸款」科目核算，計入存貸比。

三、買入返售（賣出回購）

買入返售（賣出回購），是指兩家金融機構之間按照協議，約定先買入（賣出）金融資產，再按約定價格於到期日將該項金融資產返售（回購）的資金融通行為。買入返售（賣出回購）相關款項，在「買入返售金融資產」和「賣出回購金融資產款」科目核算。

過去，同業創新的模式主要集中在買入返售上，通過三方協議等模式，包裝信託受益權、資產管理計畫收益權等非標資產，且通過協議條款的設計，賣出回購方可出表。《通知》規定，三方或以上交易對手間的類回購交易，不得納入買入返售或賣出回購業務；對應標準化資產，應具合理公允價值和較高流動性，且回購方不得出表；並規定不得接受和提供第三方擔保。這就限制了金融機構通過同業業務來規避資本及撥備監管，以及存貸比監管。

【84】貸款利息收入稅務分析

銀行業的主要收入來源就是貸款利息收入，其對銀行的營業稅和所得稅均有重大影響，下面即就這兩方面分析貸款利息收入的涉稅問題。

一、營業稅

根據《中華人民共和國營業稅暫行條例》（國務院令540號）的規定，金融保險業營業稅稅率為5％，應納稅額計算公式為：

應納稅額＝營業額×稅率5％

在計算利息收入的營業稅時，須注意以下幾點：

1. 計收入的時點：按合同約定的收取利息的日期確認收入，繳納營業稅。若後續貸款利息逾期帳上做沖回處理，已繳納的營業稅不予退回。

2. 價外費用：營業額包括價外費用，例如收取的手續費、違約金、滯納金、延期付款利息、賠償金、罰息，及其他各種性質的價外收費（見《營業稅暫行條例實施細則》）。

3. 免稅營業額：同業間資金融通利息收入免徵營業稅，不須計入營業額（見《財政部國家稅務總局關於金融業若干徵稅問題的通知》財稅字[2000]191號）。

4. 外匯利息收入折算：銀行的外匯利息收入在申報營業稅時，須按收到外匯（或根據合同應收利息）當天或當月1日中國人民銀行公布的人民幣中間價折合成人民幣，匯率選擇後，1年內不能變動（見《營業稅暫行條例實施細則》）。

5. 稅率優惠：2015年12月31日前，對農村信用社、村鎮銀行、農村資金互助社、由銀行業機構全資發起設立的貸款公司、法人機構

所在地在縣（含縣級市、區、旗）及縣以下地區的農村合作銀行和農村商業銀行，其貸款利息收入按3％徵收營業稅（見《關於延長農村金融機構營業稅政策執行期限的通知》財稅[2011]101號），5萬元以下的小額農戶貸款利息收入，免徵營業稅。

　　6. 納稅申報期限：銀行繳納營業稅的納稅期限為1個季度，自期滿之日起15日內申報納稅。

二、所得稅

　　銀行貸款利息收入做為銀行收入的主要來源，應計入當年度應納稅所得額，計算繳納企業所得稅。利息收入正常收取時，所得稅的計算很簡單，按照合同約定的收取利息的日期確認收入即可，但如果利息收入出現逾期的情況，則相關所得稅問題變得比較複雜。

　　在會計核算上，如果一筆貸款出現逾期現象，一般會對其計提減值準備，然後按減值後的攤餘價值和實際利率來計算利息收入，這個數字往往小於按照合同計算的利息收入。更甚的是，貸款逾期比較嚴重，會轉入表外核算。《關於金融企業貸款利息收入確認問題的公告》（中國稅務總局公告2010年第23號，以下簡稱「23號公告」）對此有專門規定。

　　1. 已經逾期的貸款利息，按實際收到利息或帳面確認利息收入的時點，確認繳納所得稅，並非按照合同約定的時間、利率計算利息收入。

　　同時存在逾期本金和逾期利息時，收到借款人償還款項，先沖本金還是先沖利息？

　　（1）《最高人民法院關於適用〈中華人民共和國合同法〉若干問題的解釋（二）》（法釋[2009]5號）中，明訂為先利息後本金。

（2）《金融企業準備金計提管理辦法》（財金[2012]20號）中，提到已核銷的資產又收回的，先本金後利息。

（3）23號公告中提到，未逾期的貸款，先利息後本金，但未提及逾期貸款的處理。

（4）實務中，一般根據各家銀行內部控制的要求，確認收回本金和利息的順序，所得稅按照會計處理來繳納。

2. 對於逾期超過90天的應收利息，如果帳上沖減了利息收入，繳納所得稅時無須做調整，即准予抵扣當期應納稅所得額。這部分沖減的利息，以後收回時再計入收到當期的應納稅所得額。

【85】呆帳準備金的會計處理

　　金融企業呆帳準備金又稱撥備，包括資產減值準備和一般準備。日常提到的「貸款撥備率」，是指與貸款損失相關的資產減值準備與各項貸款餘額之比，也稱撥貸比；「貸款總撥備率」，是與貸款損失相關的各項準備（包括資產減值準備和一般準備）與各項貸款餘額之比。資產減值準備和一般準備的計提方法和會計處理完全不同，監管要求也不相同，分析如下。

一、資產減值準備

　　資產減值準備，是金融企業根據企業會計準則的要求，採用單項或組合的方式，在資產負債表日，對債權、股權、固定資產、無形資產等各項資產進行減值測試，發現某項資產未來現金流入低於其帳面價值的，則須計提資產減值準備。須注意的是，以公允價值計量且其變動計入資本公積的金融資產，無須計提減值準備。

　　資產減值準備適用《企業會計準則第8號─資產減值》、《企業會計準則第22號─金融工具確認和計量》等相關規定，計提的減值準備計入當期損益，計提比例從0%─100%，由企業自行判斷測算，並無統一強制性標準。

　　就信貸資產而言，根據《貸款風險分類指引》（銀監發[2007]54號），信貸資產劃分為正常、關注、次級、可疑和損失五類，22號準則對每一類信貸資產的減值準備計提比例並無硬性規定，帳務處理上一般區分已減值和未減值信貸資產，而一般準備則對每一類信貸資產有明確的最低計提比例，詳見下文分析。

　　測試信貸資產減值準備，與對信貸資產進行風險分級，既有相同也有不同。相同之處在於，兩者都要考慮貸款人的償還能力；不同

之處在於，資產減值測試須進行定量分析，而風險分級則是進行定性分析。如某預期事項可能導致損失，相關信貸資產的風險評級可能會降低，但損失無法可靠計量，則不能計提資產減值損失。

對於固定資產、無形資產等非信貸資產，8號準則中也沒有硬性規定其資產減值準備計提比例，但一般準備則有相應要求。

二、一般準備

《金融企業準備金計提管理辦法》（財金[2012]20號）對一般準備金的計提，有明確的強制性規定。

1. 計提方法有內部模型法或標準法，採用內部模型法的，須向同級財政部門備案。

2. 只有當潛在風險估值低於資產減值準備時，才可不計提一般準備。一般準備餘額，原則上不得低於風險資產期末餘額的1.5%。

3. 採用標準法的，各項信貸資產和非信貸資產風險係數有最低標準：

潛在風險估計值

＝正常類風險資產×1.5%

＋關注類風險資產×3%

＋次級類風險資產×30%

＋可疑類風險資產×60%

＋損失類風險資產×100%

非信貸資產可以參照信貸資產進行風險分類，採用的標準風險係數不得低於上述信貸資產標準風險係數。非信貸資產未實施風險分類的，可按非信貸資產餘額的1%—1.5%計提一般準備。

4. 由金融機構總行（總公司）統一計提和管理一般準備金。根據以上方法計提的一般準備金，從淨利潤中提取，做為利潤分配處

理，計入所有者權益。準備金計提不足的，原則上不得進行稅後利潤分配。一般準備可用於彌補虧損，但不得用於企業分紅。

【86】呆帳準備金的稅務處理

金融企業呆帳準備包括資產減值準備和一般準備，其中一般準備從稅後淨利潤提取，計入所有者權益，不涉及所得稅的問題；資產減值準備計入當期損益，則涉及到企業所得稅稅前能否認列。

中國《企業所得稅法實施條例》中規定，企業的各項資產，包括固定資產、生物資產、無形資產、長期待攤費用、投資資產、存貨等，以歷史成本為計稅基礎。企業持有各項資產期間資產增值或者減值，除國務院財政、稅務主管部門規定可以確認損益外，不得調整該資產的計稅基礎。

根據中國現行的政策，固定資產、生物資產、無形資產、長期待攤費用、投資資產、存貨、應收帳款等資產減值準備，都不允許在所得稅稅前列支，對商業銀行、財務公司、城鄉信用社和金融租賃公司等金融企業而言，則有貸款損失準備金稅前列支的優惠政策。

中國《財政部國家稅務總局關於金融企業貸款損失準備金企業所得稅稅前扣除政策的通知》（財稅[2012]5號），對貸款損失準備金稅前列支的範圍和比例，做出了規定：

1. 准予稅前提取貸款損失準備金的貸款資產範圍

可以稅前提取貸款損失準備的貸款資產，包括貸款（含抵押、質押、擔保等貸款）、銀行卡透支、貼現、信用墊款（含銀行承兌匯票墊款、信用證墊款、擔保墊款等）、進出口押匯、同業拆出、應收融資租賃款等具有貸款特徵的風險資產，以及由金融企業轉貸並承擔對外還款責任的國外貸款，包括國際金融組織貸款、外國買方信貸、外國政府貸款、日本國際協力銀行不附條件貸款，和外國政府混合貸款等資產。

對於公司不承擔風險和損失的資產，比如委託貸款、代理貸

款、國債投資、應收股利、上交央行準備金以及金融企業剝離的債權
和股權、應收財政貼息、央行款項等，不包含在內。

2. 稅前列支比例和金額

准予當年稅前扣除的貸款損失準備金

＝本年末准予提取貸款損失準備金的貸款資產餘額×1%

－截至上年末已在稅前扣除的貸款損失準備金的餘額

以上公式計算所得為正數，則調減應納稅所得額；為負數，則
調增應納稅所得額。

還須注意兩點：

（1）如果公司期末實際計提比例（貸款損失準備金／相應貸款
　　　資產餘額）小於1％，則上述公式中的數值，必須按實際
　　　帳面計提金額減去上年末稅前扣除金額的餘額來計算。

（2）實際發生的貸款損失，先沖減已稅前列支的準備金，不足
　　　沖減部分，據實在當年稅前列支。

3. 特別規定

涉農貸款〔《涉農貸款專項統計制度》（銀發[2007]246號）統
計的農戶貸款和農村企業及各類組織貸款〕，和中小企業（年銷售額
和資產總額均不超過2億元的企業）貸款損失準備金，按以下比例做
稅前扣除：

（1）關注類貸款，計提比例為2%。

（2）次級類貸款，計提比例為25%。

（3）可疑類貸款，計提比例為50%。

（4）損失類貸款，計提比例為100%。

4、優惠時限

以上優惠均從2008年1月1日開始，原至2010年12月31日結束，
後均延期至2013年12月31日。後續是否延期，尚待新的政策公布。

【87】呆帳損失的認定及會計處理

　　金融企業的呆帳，包括各項信貸資產損失、股權投資損失，以及固定資產、無形資產、存貨、應收帳款、其他應收款等非信貸資產損失。對於股權之外的非信貸資產損失的認定和處理，與一般企業一樣，由公司管理層根據經營情況自行決定，履行內部治理程序即可做為資產損失打銷，或繼續掛帳以求盡量挽回損失。

　　但金融機構發生的一般債權、股權、銀行卡透支以及助學貸款損失的核銷情況，必須在年度終了後的1個月內向同級財政部門報備，財政部門和銀行監管部門對於銀行不符合核銷條件而核銷的呆帳、應該核銷而未核銷的呆帳、核銷後疏於管理的情況，進行監督，並按規定予以處理、處罰，而不僅僅是履行銀行內部程序或自行決定是否出表。

　　金融企業呆帳損失核銷的管理辦法，中國財政部曾分別於2001、2008、2010年出過相關文件，現行有效的是《金融企業呆帳核銷管理辦法（2013年修訂版）》（財金[2013]146號，以下簡稱管理辦法），對呆帳的核銷條件、核銷程序以及核銷後的監督管理等，都有明確規定。

一、呆帳核銷條件

　　呆帳核銷分一般債權或股權、銀行卡透支款項以及助學貸款三類，分別制定了明確的判斷標準，與2010版相比，新版管理辦法中的核銷條件變得更為寬鬆，例如原規定法院宣布借款人破產後3年以上仍未終結破產程序，經追償後仍不能收回的債權，可確認為呆帳，現在則將3年時限縮短為2年；原規定法院強制執行超過2年仍未能收回的債權可確認為呆帳，現在則縮短為1年；原破產清算期超過3年

的股權可確認呆帳，現縮短為2年。也有些認定標準變嚴苛的，如原餘額50萬以下的對公貸款、餘額10萬以下的個人無抵押貸款，追索2年以上仍無法收回的，可確認為呆帳，現分別修改為「單戶餘額」和追索1年以上，其中單筆餘額變更為單戶餘額，實際是縮小了呆帳認列範圍。原規定單筆500萬元的涉農貸款和中小企業貸款追索超過1年的，可認列為呆帳，現單筆500萬元修正為單戶1,000萬元。另外增加對於單筆500萬元以下的個人經營貸款追索1年以上的，可認定為呆帳。

二、呆帳核銷程序

1. 申請核銷的呆帳清單。

2. 經辦行（公司）的調查報告，描述呆帳成因、補救措施、追索過程、抵押物處置情況、核銷理由等。

3. 按管理辦法的要求，準備每項呆帳的證明資料。

4. 根據公司呆帳核銷審批機制，公司經營管理層、董事會、股東大會層層審批。

5. 金融企業會計年度終了後1個月內，向同級財政部門備案呆帳核銷情況。

根據以上程序核銷的呆帳，必須做好保密工作，核銷情況不得向借款人和保證人披露。

三、帳務處理

經批准核銷的呆帳（法律法規規定債權與債務或投資與被投資關係已完全終結的七種情況除外），應做「帳銷案存」處理，即建立呆帳核銷台帳並進行表外登記，單獨設立帳戶核算和管理。表內帳務處理上，則是實際發生的呆帳損失先沖減帳上已計提的呆帳準備金，

不足沖減的部分直接計入當期損益。已核銷的呆帳又收回的，計入當期收益，沖減資產減值損失科目。

【88】呆帳損失的稅務處理

　　銀行發生的各項呆帳損失是否可以稅前認列，必須按照中國《財政部國家稅務總局關於企業資產損失稅前扣除政策的通知》（財稅[2009]57號）和《企業資產損失所得稅稅前扣除管理辦法》（國家稅務總局公告2011年第25號）的規定判斷和處理。

　　資產損失稅前認列的前提條件有二：

　　1. 資產損失已經實際發生，即資產已處置或轉讓，或符合上述法規中規定的法定認列條件。

　　2. 帳務上已做損失處理。

　　如果只滿足其中一條，則不允許稅前列支，只有二條都符合時，才能在條件達到的當年，以清單或專項申報的方式，向稅務機關申請稅前認列。

　　對於金融機構而言，其現金、存款、其他應收款、存貨、固定資產、無形資產、在建工程等項資產的損失，按照25號公告處理即可，但其債權和股權損失，則還須注意呆帳的帳務處理〔依據《金融企業呆帳核銷管理辦法（2013年修訂版）》財金[2013]146號〕與稅務處理的差異。以下為稅法與會計差異簡表（請見下頁）。

事項	稅務處理（25號公告）	會計處理（財金[2013]146號）
債權投資		
借款人依法被宣告破產、關閉、被解散或撤銷。	應出具資產清償證明；無法出具的，該事項歷經3年以上的，或者債權餘額300萬元以下的，須出具債務人和擔保人破產、關閉、被解散或撤銷證明及追索紀錄，可申請稅前認列。	出具債務人破產、關閉、被解散或撤銷證明及財產清償證明、財產追償證明；宣告破產後2年仍未終結破產程序的，可認列呆帳損失。
借款人被吊銷營業執照。	同上。	憑吊銷證明和財產追償證明，認列呆帳。
借款人完全停止經營活動或者下落不明，未進行工商登記，或連續2年以上未參加工商年檢。	無相應規定，須待被吊銷營業執照後按上述規定處理。	憑查詢證明和財產追償證明，認列呆帳。
借款人死亡，或被宣告失蹤或死亡。	應出具遺產清償證明；無法出具的，該事項歷經3年以上的，或者債權餘額300萬元以下的，出具債務人失蹤或死亡證明及追索紀錄，可申請稅前認列。	憑死亡或失蹤證明及財產追償證明，認列呆帳。
對借款人或擔保人強制執行財產。	債務人和擔保人均無資產可執行，人民法院裁定終結或終止（中止）執行的，出具人民法院裁定文書，則可稅前認列。	有財產可供執行，但強制執行超過1年仍未收回的債權；有財產，但強制執行困難而終止執行的；無財產而終止執行的，憑強制執行證明或者法院裁定證，及財產追償證明，認列呆帳。

事項	稅務處理（25號公告）	會計處理（財金[2013]146號）
借款人、擔保人或其法定代表人被立案偵查。	無相關規定。	被立案偵查2年以上，或涉嫌信用卡詐騙立案1年以上的，未能收回的債權可認列呆帳。
其他特別情況。	無相關規定。	單戶貸款餘額50萬元及以下的（農村信用社、村鎮銀行為5萬）對公貸款，追償1年以上的，可認列呆帳。
		單戶貸款餘額在10萬元及以下的（農村信用社、村鎮銀行為1萬）的個人無抵押（質押）貸款，經追索1年以上的，可認列呆帳。
		對單戶餘額1,000萬元及以下的涉農貸款和中小企業貸款，經追索1年以上的，可認列呆帳。
		對單戶餘額500萬元及以下的個人經營貸款，經追索1年以上的，可認列呆帳。
		信用卡單戶貸款本金在2萬元及以下、逾期後追索1年以上，或信用卡單戶貸款本金在2,000元及以下、逾期後追索180天以上，並且追索不少於6次的，可認列呆帳。
股權投資		

事項	稅務處理（25號公告）	會計處理（財金[2013]146號）
對被投資企業的控制權。	無相關規定。	對被投資企業不具有控制權，投資期限屆滿或者投資期限超過10年，且被投資企業「資不抵債」的，可認列為呆帳。

【89】銀行業印花稅分析

印花稅雖然是一個小稅種，但所有的企業都不可避免繳納。對銀行業而言，最主要的就是借款合同的印花稅，按借款金額的0.05自行貼花繳納。關於印花稅，銀行業在借款等多方面存在其他行業沒有的優惠政策。

一、同業拆借合同

《中華人民共和國印花稅暫行條例》中列舉借款合同時，剔除了銀行同業拆借，而中國《國家稅務局關於印花稅若干具體問題的解釋和規定的通知》（國稅發[1991]155號）對同業拆借有更進一步的解釋：是指按國家信貸制度規定，銀行、非銀行金融機構之間相互融通短期資金的行為。確定同業拆借合同的依據，則是《同業拆借管理辦法》（中國人民銀行令[2007]第3號）。

按以上規定，人民銀行各級機構向專業銀行發放的各種期限的貸款，不屬於銀行同業拆借，其簽訂的合同必須照章繳納印花稅，但是對於其中日拆性貸款（在此專指20天內的貸款），暫免徵收印花稅，中國《國家稅務局關於中國人民銀行向專業銀行發放貸款所簽合同徵免印花稅問題的批覆》（國稅函發[1993]705號）有此項規定。

二、小微企業借款合同

中國《財政部國家稅務總局關於金融機構與小型微型企業簽訂借款合同免徵印花稅的通知》（財稅[2011]105號）規定，自2011年11月1日起至2014年10月31日止，對金融機構與小型、微型企業簽訂的借款合同免徵印花稅。小型、微型企業的認定，按照中國《工業和信息化部國家統計局國家發展和改革委員會財政部關於印發中小企業

劃型標準規定的通知》（工信部聯企業[2011]300號）的有關規定執行。

三、最高額借款合同

中國《國家稅務局關於對借款合同貼花問題的具體規定》（[1988]國稅地字第30號）規定，借貸雙方簽訂的流動資金周轉性借款合同，一般按年（期）簽訂，規定最高限額，借款人在規定的期限和最高限額內隨借隨還。為此，在簽訂流動資金周轉借款合同時，應按合同規定的最高借款限額計稅貼花。以後，只要在限額內隨借隨還，不再簽新合同的，就不另貼印花。

四、銀團貸款

各銀行按各自借貸金額分別貼花，無須按照合同總金額貼花（[1988]國稅地字第30號）。

五、信貸資產證券化

1. 發起銀行將實施資產證券化的信貸資產信託予受託機構的信託公司，雙方簽訂的信託合同暫不徵收印花稅。

2. 信託公司與貸款服務機構簽訂的委託管理合同，暫不徵收印花稅。

3. 發起銀行、信託公司，與資金保管機構、證券登記託管機構以及其他為證券化交易提供服務的機構簽訂的其他應稅合同，暫免徵收發起機構、受託機構應繳納的印花稅。

4. 信託公司發售信貸資產支持證券，以及投資者買賣信貸資產支持證券，暫免徵收印花稅。

5. 發起銀行、信託公司因開展信貸資產證券化業務而專門設立

的資金帳簿，暫免徵收印花稅。

六、金融機構撤銷

　　具有法人資格的金融機構，依法被強制終止經營予以解散的，成為金融機構撤銷。根據中國《財政部國家稅務總局關於被撤銷金融機構有關稅收政策問題的通知》（財稅[2003]141號）規定，金融機構撤銷清算期間接收債權、清償債務過程中簽訂的產權轉移書據，免徵印花稅。

【90】貸款利息收入的財稅差異分析

貸款利息收入在確認營業稅和所得稅時，與帳務處理存在差異，分析如下。

一、正常履行的借款合同

營業稅和所得稅相關條例中都規定，貸款利息收入的確認時點，為合同約定的應收利息的日期，但帳務核算並不以應收利息的時點確認收入。企業會計準則中規定，貸款應當採用實際利率法，按攤餘成本計量。故會計處理與稅務處理存在較大差異。

舉例來說，某銀行於2014年10月1日向某企業放貸1億元，期限1年，到期還本付息，利率10%，實際利率按10%計算。到2014年12月31日，帳面按合同約定期限，確認歸屬於2014年度的利息收入250萬元，並計入2014年度利潤表。但稅務確認時點為合同約定應收利息的時點，即2015年9月30日，故2014年度計算營業稅和所得稅時，須調減營業額和帳面收入250萬元，而2015年則須相應調增營業額和帳面收入250萬元。

二、收款發生逾期的借款合同

貸款合同已經成立，但借款方在履約時延遲支付利息和本金的，帳務和稅務處理較正常履行的合約有所不同。

（一）會計處理

存在逾期現象的貸款，會計上須對其未來現金流進行評估，測試是否存在減值風險，然後按攤餘成本和實際利率確認利息收入。如果滿足《金融企業呆帳核銷管理辦法（2013年修訂版）》（財金[2013]146號）的規定，帳面可停止確認利息收入，已確認的利息收

入及本金則做為呆帳損失從帳面轉銷，轉入表外核算。

（二）稅務處理

1. 營業稅

對於營業稅，不論是否逾期，仍然按照合同約定的收款日期計算營業額，繳納營業稅，與正常履行的合約沒有區別。但很明顯與帳務處理存在差異。

2. 所得稅

已經逾期的貸款利息收入，不再按合同約定的收款日確認收入，而是按照實際收到的日期和金額，或帳面確認的日期和金額，計算所得稅。對於逾期超過90天的應收利息，如果帳面做了沖銷處理，計算所得稅時無須做調整。可見，所得稅處理與帳務處理是一致的。

（三）舉例

以上異同點舉例說明如下：

某銀行於2014年4月1日發放一筆1,000萬元人民幣涉農貸款，期限1年，每季末結息一次，一次性還本，利率10%（實際利率按10%計算）。2014年6月30日銀行收到貸款利息25萬元，此後再未收到過利息。

1. 2014年6月30日，銀行帳面確認利息收入25萬元，並按25萬元計算繳納營業稅和所得稅。

2. 2014年9月30日，銀行帳面確認利息收入25萬元，計入應收利息，並按25萬元計算繳納營業稅和所得稅。同時積極催收貸款利息。

3. 2014年9月30日，銀行對該筆貸款進行減值測試，並計提貸款損失準備金1,000萬元，攤餘成本為0萬元。

4. 2014年12月31日，銀行按攤餘成本0萬元、實際利率10%計算

第4季度應收利息0萬元。四季度在計算繳納營業稅時，須按合同利息25萬元計算營業額，並計繳營業稅；繳納所得稅時，由於該筆貸款利息收入逾期已超過90天，利息收入按帳面確認的0萬元計算。

5. 2015年3月31日，同2014年第4季度。

6. 2015年9月30日，銀行評估該筆涉農貸款為呆帳，轉入表外核算，同時沖銷帳面計提的25萬元利息收入。在計算所得稅時，對於沖減的利息收入無須做納稅調整。

【91】涉農貸款優惠政策分析

中國大陸對農村金融機構的扶持政策從2003年就已開始，可以從五個方面予以分析。

一、財政補助

從2009年開始，中國財政部發文針對農村金融機構給予財政補貼，補貼對象為經銀監會批准設立的村鎮銀行、貸款公司、農村資金互助社這三類「新型農村金融機構」，補貼金額為上年貸款平均餘額的2%。

2010年上述政策擴大範圍，補貼對象擴大至基礎金融服務薄弱地區（指根據銀監會確定的西部偏遠地區鄉鎮）的銀行業金融機構（網點），補貼金額修改為按本年貸款平均餘額的2%。

2014年財政部對以上政策做出了多項調整，補貼對象和補貼金額沒有變化，但對於補貼對象提出了更多的要求，除原來要求的貸款餘額同比增長、存貸比不低於50%外，增加以下規定：

1. 當年涉農貸款和小微企業貸款平均餘額，占全部貸款平均餘額的比例高於70%（含）。

2. 「新型農村金融機構」與「基礎金融服務薄弱地區」不重複享受補貼。

3. 東、中、西部地區農村金融機構可享受補貼政策的期限，分別為自該機構開業當年（含）起的3、4、5年內。開業日期在下半年的，從次年算起。

4. 當年任一時點單戶貸款餘額超過500萬元的貸款，不予補貼。

5. 以上金融機構在所屬地以外發放的貸款，不予補貼。

二、稅收優惠

從2003年起，對涉農貸款的營業稅和所得稅優惠從試點到擴增，不斷調整，現行政策如下：

1. 至2015年年底，農村信用社、村鎮銀行、農村資金互助社、由銀行業機構全資發起設立的貸款公司、法人機構所在地在縣（含縣級市、區、旗）及縣以下地區的農村合作銀行和農村商業銀行，其金融保險業收入減按3%的稅率徵收營業稅。

2. 2009年至2013年，金融機構對農戶小額貸款（單筆且該戶貸款餘額總額不超過5萬元），利息收入免徵營業稅，並按利息收入90%計入應納稅所得額計繳所得稅。2014年中國財政部已發文繼續執行此項政策。

三、存款準備金率

2014年4月和6月存款準備金率發生兩次定向降低調整，都涉及到農村金融機構。縣域農村商業銀行、縣域農村合作銀行，及上年新增涉農貸款占全部新增貸款比例超過50%、且上年末涉農貸款餘額占全部貸款餘額比例超過30%的商業銀行，存款準備金率均有一定程度下調。

四、呆帳損失認定

對於涉農貸款，在呆帳核銷上標準也降了一級。一般銀行單戶貸款餘額50萬元及以下的對公貸款，經追索超過1年，可認列呆帳，而農村信用社、村鎮銀行則是5萬元及以下；一般銀行單戶貸款餘額在10萬元及以下的個人無抵押貸款，經追索超過1年，可認列呆帳，而農村信用社、村鎮銀行則是1萬元及以下。

另外，單戶餘額1,000萬元及以下的涉農貸款，追索超過1年，即

可按照帳銷案存的原則自主核銷，無須審批。

五、存貸比

2014年7月1日起，計算存貸比分子（貸款）時，支農再貸款、支小再貸款所對應的貸款、「三農」專項金融債所對應的涉農貸款，以及村鎮銀行使用主發起行存放資金發放的農戶貸款，可以從分子中扣除。

【92】海外代付業務涉稅分析

2014年中國銀監會發文規範同業業務，其中同業代付業務，即商業銀行（受託方）接受金融機構（委託方）的委託，向企業客戶付款，委託方在約定還款日償還代付款項本息的資金融通行為，原則上僅限於跨境貿易結算，也就是海外代付。海外代付業務中涉及到海外銀行、境內銀行及境內企業，相關稅務問題分析如下。

一、海外銀行（受託方）

海外銀行受境內銀行委託向供應商付款，因而向境內銀行收取利息，境外銀行的這筆利息收入屬於來源於境內的所得，須繳納5%營業稅及附加。由於境外代付銀行一般在境內未設立經營機構或場所，故一般按10%繳納非居民企業所得稅。若境外銀行屬於稅收協議國家且協議利率低於10%，可按協議利率繳納所得稅，例如中國與新加坡協議支付給銀行金融機構的利息，可按7%繳納所得稅。由於海外銀行在境內沒有營業機構，須由境內付款銀行履行代扣代繳義務。

境內銀行在代扣代繳境外銀行稅收時，須注意以下問題：

1. 銀行同業業務利息收入免徵營業稅，海外代付雖然也屬於同業業務，但不能免徵營業稅，依據如下：

「暫不徵收營業稅的金融機構往來業務是指金融機構之間相互占用、拆借資金的業務，不包括相互之間提供的服務（如代結算、代發行金融債券等）。對金融機構相互之間提供服務取得的收入，應按規定徵收營業稅。」〔《關於金融業若干徵稅問題的通知》（財稅字[2000]191號）〕

2. 在海外代付協議中，常常碰到境內銀行替境外銀行承擔稅負的條款，合同中約定的是境外銀行實際取得的稅後收入，也就是常說

的「包稅」條款。這時必須將稅後收入還原為稅前收入，即按含稅收入代扣代繳營業稅及所得稅。

3. 境內銀行向境外銀行支付利息時，不可避免的會遇到匯率折算的問題。根據中國《營業稅暫行條例實施細則》的規定，繳納營業稅可以按照當天或當月1日央行公布的人民幣中間價折算為人民幣。《非居民企業所得稅源泉扣繳管理暫行辦法》（國稅發[2009]3號）則規定，應按扣繳當日人民幣中間價折算成人民幣來計算所得稅。實務操作中，扣繳營業稅和所得稅都是同時進行的，所以會選擇相同的匯率，即都按扣繳當天的匯率折算。

4. 採用稅收協議中的優惠稅率，需要稅務部門審批，否則一律按10%扣繳所得稅。

二、境內銀行（委託方）

按照最新的同業業務規定，境內銀行承做的海外代付業務，計入對境內企業的放貸，超過90天的外幣業務，還要占用境內銀行的短期外債指標。境內銀行向境內企業收取的利息收入，必須照章繳納營業稅和所得稅。

三、境內企業（購貨方）

對境內企業而言，向境內銀行支付海外代付的利息部分，可憑銀行單據做為財務費用處理，並在所得稅前列支。

在海外代付業務中，目前的監管還有不到位之處。如果境外銀行代付貨款後，發生供應商退款，退款會直接退給境內購貨方，這就形成境內企業實實在在的向境外銀行的借款。但目前的外匯管理規定中並沒有針對這筆退貨款的外匯處理意見，所以實務中企業不會去做外債登記，並且會按貨物貿易結匯。

【93】外匯利潤的財會、稅務及外匯管理

　　從事外匯業務的銀行在日常經營中，會產生大量外匯收入，最終形成外匯利潤。外匯收入和利潤必然涉及到帳務核算、稅收管理和外匯管理的問題，下面分別予以簡要分析。

一、帳務處理

　　中國大陸企業會計準則規定，企業通常應選擇人民幣做為記帳本位幣。業務收支以人民幣以外的貨幣為主的企業，可以選定其中一種貨幣做為記帳本位幣。但是，編報的財務報表應當折算為人民幣。經營外匯業務的銀行各種外匯業務較為頻繁，一般都採用外幣分帳制核算，即直接以各種原幣做為記帳單位，而不折算成人民幣記帳的方法。

　　期末時須將外幣報表折算成人民幣，併入人民幣報表中匯總，折算原則為：

　　1. 資產負債表中的資產和負債項目，採用資產負債表日的即期匯率折算；所有者權益項目除「未分配利潤」項目外，其他項目採用發生時的即期匯率折算。

　　2. 利潤表中的收入和費用項目，採用交易發生日的即期匯率折算；也可以採用按照系統合理的方法確定的、與交易發生日即期匯率近似的匯率折算。

　　按照上述1、2折算產生的外幣財務報表折算差額，在資產負債表中所有者權益項目下單獨列示。

二、稅務處理

　　銀行的營業稅雖然是一個季度繳納一次，但計算營業額時，涉

及到外幣收入的，要按營業額發生當天或當月1日人民幣中間價折算為人民幣，折算方法與外幣報表折算方法有所區別。所得稅一般按照匯總的人民幣報表利潤為基礎計算，不再涉及外匯折算。

另外，根據中國《財政部國家稅務總局關於營業稅若干政策問題的通知》（財稅[2003]16號）及《國家稅務總局關於金融商品轉讓業務有關營業稅問題的公告》（國家稅務總局公告2013年第63號）規定，不同品種金融商品買賣出現的正負差，在同一個納稅期內可以相抵，按盈虧相抵後的餘額為營業額計算繳納營業稅。若相抵後仍出現負差的，可結轉下一個納稅期相抵，但在年末時仍出現負差的，不得轉入下一個會計年度，應向稅務機關申請辦理退稅。

三、外匯管理

外匯管理上所稱的「外匯利潤」，是指以外匯形式存在的利潤，而不是外匯業務利潤（銀行在核算外匯業務利潤時，會在外匯收支基礎上扣減人民幣形式支付的與外匯業務有關的成本，例如人員開支、折舊等）。有多個外匯幣種時，每個幣種每年盈虧不一定，外匯利潤必須折算成某一種外幣後統一核算。

銀行的外匯收入，扣除支付外匯開支和結匯支付境內外匯業務日常經營所需人民幣開支，應統一納入外匯利潤管理，不得單獨結匯。銀行當年的外匯利潤，可以按季度自行辦理結匯，年度終了後，須按經審計的年度會計決算結果自動調整。外匯虧損應掛帳，須用以後年度外匯利潤彌補；以前年度未結匯的外匯利潤，銀行可以在以後年度自行結匯。

銀行向外方股東支付股利或外資銀行利潤匯出，應當用外匯或用人民幣購匯支付，如果外資銀行不進行利潤匯出，則不能用人民幣利潤購匯。銀行每年6月底之前，必須向外匯局提交外匯利潤處理情

況的備案表，內容包括：

1. 上年度外匯利潤或虧損的基本情況。

2. 上年度外幣資產負債表和外幣損益表。

3. 本外幣合併的審計報告。

地方性銀行和外資銀行的總行（含外國銀行分行），向所在地外匯局報送；全國性銀行的總行，直接向國家外匯管理局報送。

【94】銀行理財業務的監管

　　2013年至2014年一年多時間裡，中國銀監會連續發文規範銀行理財業務，對投資資產、資金管理、風險分類、帳務核算、信息披露等各方面，不斷加強管理。

　　2013年3月銀監會下發《關於規範商業銀行理財業務投資運作有關問題的通知》（銀監發[2013]8號，以下簡稱8號文），要求商業銀行理財資金投向非標準化債權資產的餘額，在任何時點均以理財產品餘額的35%和商業銀行上年經審計的資產總額的4%孰低為上限，並且要求每個理財產品與所投資資產對應，每個產品單獨管理、建帳、核算。這一規定大大限制理財產品投向非標資產的規模，同時理財產品與投資資產對應，實際上就是禁止理財資金開展資金池業務。

　　由於非標資產未在銀行間市場或證券交易所交易，一般沒有充分披露信息，因此8號文特別強調要向投資者充分披露非標資產情況，包括融資客戶名稱和項目、剩餘融資期限、到期收益分配、交易結構等。

　　2014年2月，銀監會下發《關於2014年銀行理財業務監管工作的指導意見》（銀監辦發[2014]39號），再次明確理財資金不得開展資金池業務。對於保證收益和保本浮動收益類理財產品，應按照真實穿透原則，解析理財產品最終投資標的，並嚴格參照自營業務的會計核算標準，計提理財產品所投資產相應的風險資產、撥備，以及計算資本充足率等。

　　2014年7月，銀監會發布《關於完善銀行理財業務組織管理體系有關事項的通知》（銀監發[2014]35號，以下簡稱35號文），進一步強調「單獨核算、風險隔離」的原則。單獨核算原則則是在8號文基礎上，除要求每個理財產品單獨設立明細帳外，還要求理財業務部門

做為獨立的利潤主體，單獨核算。風險隔離的原則提到五個方面，其中「理財業務與信貸等其他業務相分離」、「銀行理財產品之間相分離」對銀行影響最大，要求銀行信貸資金不得為本行理財產品提供融資和擔保，使得理財業務的風險與信貸業務風險隔離；本行理財產品之間不得相互交易以相互調節收益，而此前銀行為達到預期收益，在各理財產品之間進行交易以調節利潤，已是公開的秘密。

35號文要求本行信貸資金不得為本行理財產品提供融資或擔保，但並未禁止銀行自有資金為理財產品提供流動性支援。所以「理財應回歸資產管理業務的本質」是一個循序漸進的過程，尚未做到一刀切。另外，對於同業業務與理財業務之間的關係，條文中並未做出規範，同業資金或許可以成為理財產品流動性支援的另一來源。

為保護投資人利益，35號文禁止不同理財產品之間相互交易，以達到調節收益指標的目的。《中國人民銀行金融市場司關於商業銀行理財產品進入銀行間債券市場有關事項的通知》（銀市場[2014]1號）規定，理財產品由非本行的第三方託管人獨立託管的，也可以理財產品系列或理財產品組合的名義開戶，而且開戶後還可以有新的單支理財產品進入該系列或組合，只須向人民銀行上海總部備案即可。那麼以「理財產品系列」、「理財產品組合」名義在銀行間債券市場開戶，取得收益如何在內部分配？這種分配算不算不同理財產品之間調節收益？從現有規定看，銀行還是有通過系列或組合的名義，來操縱同一系列或組合中各單支理財產品收益的空間。

【95】銀行業的增值稅分析

　　銀行提供金融服務主要涉及的流轉稅為營業稅，但銀行從事貴金屬交易、出售舊固定資產、贈送客戶實物贈品等，依然涉及增值稅，故仍應關注增值稅的相關規定。

一、貴金屬交易

　　《關於金融機構銷售貴金屬增值稅有關問題的公告》（中國稅務總局公告2013年第13號）規定，銀行等金融機構經人民銀行或銀監會批准從事金、銀、鉑等貴金屬交易業務，須照章繳納增值稅，繳納辦法為：省級分行和直屬一級分行所屬地市級分行、支行，按照規定的預徵率預繳增值稅；省級分行和直屬一級分行統一清算繳納，其中預徵率由各省級國家稅務局確定，實務中各地預徵率從0到1%不等。

　　各省級分行和直屬一級分行可以申請認定增值稅一般納稅人資格，可以按照一般納稅人方法計算應納增值稅額，計算公式如下：

應納稅額＝銷項稅額－進項稅額

應補稅額＝應納稅額－預徵稅額

預徵稅額＝銷售額×預徵率

　　1. 當期進項稅額大於銷項稅額的，其留抵稅額結轉下期抵扣。

　　2. 預徵稅額大於應納稅額的，在下期增值稅應納稅額中抵減。

　　3. 經營貴金屬批發業務的一般納稅人，可以開具增值稅專用發票，無須開具專用發票的，可以開具中國稅務總局統一監製的普通發票，不得開具銀行自製的金融專業發票。

　　4. 以上進項一般只限於購進貴金屬的進項稅額。

二、出售舊固定資產

　　銀行即便是增值稅一般納稅人，也只限於從事貴金屬交易，其購入的固定資產所含增值稅進項不能抵扣，所以出售舊固定資產時，根據中國《關於部分貨物適用增值稅低稅率和簡易辦法徵收增值稅政策的通知》（財稅 [2009] 9號）和《關於簡併增值稅徵收率政策的通知》（財稅 [2014] 57號）的規定，須按3%徵收率並減按2%徵收增值稅，計算公式如下：

　　應交增值稅＝含稅銷售額／（1＋3%）×2%

三、銀行卡、U盾等工本費

　　銀行在提供存貸、支付等服務時，常常向客戶收取硬體的費用，如銀行卡的工本費、網銀U盾工本費等，雖然發生了貨物所有權的轉移，但實務中並未繳納增值稅。銀行在辦理稅務登記時，稅務機關根據其營業執照上主要經營項目，判定其為營業稅納稅人，收取的工本費收入沒有單獨核定繳納增值稅，故一般都按營業稅申報。

四、實物贈品

　　從事零售業務的銀行往往都有鼓勵個人客戶消費的一些積分獎勵措施，積分可以換取實物贈品，這種行為是否屬於增值稅暫行條例實施細則第4條中的「將自產、委託加工或者購進的貨物無償贈送其他單位或者個人」，各地稅務機關把握尺度不同，有的認為無須納稅，有的認為應視同銷售，徵收增值稅。小規模納稅人應繳納的增值稅計稅如下：

　　應交增值稅＝含稅銷售額／（1＋3%）×3%

　　按實施細則的規定，對於日常經營中不銷售同類產品的銀行而言，銷售額可以按組成計稅價格確定，公式為：

　　組成計稅價格＝成本×（1＋成本利潤率）

　　其中，成本就是外購貨物的為實際採購成本，成本利潤率由中國稅務總局確定。實務中更常見的簡便計算方法，認為企業外購的產品價格就是市場公允價格，可以視同銷售的價格。

【96】外資子行與外資分行流動性比例的差異

　　銀行流動性指標是銀行監管的重要指標，主要有流動性覆蓋率、存貸比和流動性比例三個指標。根據中國銀監會的規定，流動性覆蓋率不能低於100%，存貸比不能高於75%，流動性比例不能低於25%。對於外資銀行分行而言，不適用流動性覆蓋率和存貸比的監管要求。同樣是流動性比例，外資銀行子行和外資銀行分行的計算口徑是不同的。計算公式為：

　　　　流動性比例＝流動性資產餘額／流動性負債餘額×100%

　　中國銀監會要求所有商業銀行每天的流動性比例都不能低於25%，每個月須上報一次相關資料。外資銀行子行和分行上報的流動性資產與流動性負債的範圍有所不同，列表如下：

外國銀行子行填報口徑	外國銀行分行填報口徑
1. 流動性資產	
1.1 現金	現金
1.2 黃金	黃金
1.3 超額準備金存款	在中國人民銀行存款
1.4 一個月內到期的同業往來款項軋差後資產方淨額	存放同業、一個月內到期的拆放同業、一個月內到期的借出同業（同業往來不軋差，同業存放不分期限）
1.5 一個月內到期的應收利息及其他應收款	一個月內到期的應收利息及其他應收款
1.6 一個月內到期的合格貸款	一個月內到期的貸款

外國銀行子行填報口徑	外國銀行分行填報口徑
1.7 一個月內到期的債券投資	一個月內到期的債券投資
1.8 在國內外二級市場上可隨時變現的證券投資 （不包括項目1.7的有關項目）	在國內外二級市場可隨時變現的其他債券投資 （不包括項目1.7的相關項目）
1.9 其他一個月內到期可變現的資產（剔除其中的不良資產）	其他一個月內到期可變現的資產，包括境外聯行往來及附屬機構往來的資產方淨額，且資產方淨額和負債方淨額只能填列一方
—	註：上述資產應扣除預計不可回收的部分，生息資產不計入流動性資產
2. 流動性負債	
2.1 活期存款 （不含財政性存款）	活期存款
2.2 一個月內到期的定期存款 （不含財政性存款）	一個月內到期的定期存款
2.3 一個月內到期的同業往來款項軋差後負債方淨額	同業存放、一個月內到期的同業拆入、一個月內到期的同業借入 （即同業往來不軋差，同業存放不分期限）
2.4 一個月內到期的已發行債券	不予填列
2.5 一個月內到期的應付利息和各項應付款	一個月內到期的應付利息及其他應付款
2.6 一個月內到期的向中央銀行借款	不予填列

外國銀行子行填報口徑	外國銀行分行填報口徑
2.7 其他月內到期的負債	其他一個月內到期的負債，包括境外聯行往來及附屬機構往來負債方淨額，資產方淨額和負債方淨額只能填報一方
—	註：凍結存款不計入流動性負債

　　上表中，分行標明聯行往來按軋差淨額計入流動性資產或流動性負債，而子行沒有這一項，主要是因為子行以法人為單位計算，故聯行往來都已抵銷。上表註明分行生息資產不計入流動性資產，子行與之對應的項目是法定存款準備金，也不包含在流動性資產中，但兩者還是有些差異，主要是生息資產為營運資金的30%，法定存款準備金為吸收存款的13%-20%（現行存款準備金率），比例和範圍不同，對銀行流動性影響也會有所不同。

　　從上表中子行與分行最本質的差異，是存放同業與拆放同業的口徑不一致。同業往來不軋差，會使計算出的流動性比例數字偏大，對銀行比較有利。同業存放不分期，對指標計算的影響方向則難以確定，要具體資料具體分析。

【97】中國增值稅改革影響臺銀行業

　　銀行本身發生採購固定資產等屬於進項稅的費用，由於這部分成本對銀行而言金額較小，所以衍生出的增值稅進項金額對銀行來說影響更小。

　　中國大陸推動的「營改增」（營業稅改增值稅），目前已落實在交通運輸業、部分現代服務業、鐵路運輸和郵政服務業、電信業等，接下來是建築業和包含銀行在內的金融服務業。

一、會計處理

　　增值稅為價外稅，營業稅為價內稅，在會計處理上不同，假設銀行向借款人收取100元利息，在繳納營業稅時，銀行財報上認列利息收入100元，同時也認列稅金成本5元（附加稅費等忽略不計），則此項業務淨收入為95元，繳納增值稅時，銀行財報上認列的利息收入是94.34元（＝100／1.06，假設利息收入增值稅稅率為6%），同時認列應交增值稅5.66元（＝100／1.06×6%），則此項業務淨收入94.34元。由此可見，在貸款利率不變情況下，雖然銀行淨收入幾乎沒有變化，但財報上利息收入下降了5.66%（＝（100－94.34）／100×100%）。

　　從借款人角度看，銀行收取的利息收入中已含增值稅，若借款人為增值稅一般納稅人，則借款人支付的利息支出中內含的稅款可以做進項抵扣，也就是借款人向銀行支付100元利息，財報上認列94.34元利息支出，5.66元用於抵減其自身須繳納的增值稅，也就是說借款人的實際利息是94.34元，而非100元，較「營改增」前利息成本明顯降低。

　　另一方面，銀行本身也會有進項發生，比如採購固定資產、辦

公支出等，但這部分成本對銀行而言較小，其增值稅進項金額對銀行影響更小。銀行最大一塊成本是利息支出，目前企業和個人銀行存款的利息收入不徵營業稅，同業拆借利息免徵營業稅，「營改增」後預期也不會徵收增值稅，所以銀行能取得的增值稅進項並不多。

二、銀行營業稅季度申報

銀行業傳統上一直都是繳納營業稅，有些涉及極小量增值稅的業務，一般也都是按營業稅處理，目前只有貴金屬交易是嚴格按增值稅計算繳納。並且增值稅的設計比較複雜，涉及到抵免、優惠、出口退稅等，不同業務適用在不同稅率，甚至增值稅與銀行營業稅的申報週期和申報地點都不相同，增值稅一般按月向中國國稅局申報（目前只有小規模納稅人和小微企業允許按季度申報），而銀行營業稅則是按季度向地稅局申報，所以一般銀行財務人員對於增值稅比較陌生，這也是在大陸的台資銀行須特別留意的地方。

三、增值稅發票開具待解

其他涉及銀行「營轉增」實務層面上的問題，例如單據處理，便是最好的例子。銀行繳納營業稅時無須抵扣，一般企業憑銀行櫃面業務人員打印的單據做為入帳依據即可，一但執行「營改增」後，如果要求企業從銀行取得增值稅專用發票才可抵扣，則銀行交易系統需要與稅務局增值稅稅控系統直接交換信息，才能打印出符合要求的增值稅專用發票。增值稅專用發票一直都受到稅務局嚴格管控，企業都是由財務部專門人員保管和開具增值稅專用發票，因此銀行的增值稅專用發票要由誰來開具？何時開具？都是未來必須解決的操作問題。

【98】增值稅進項抵扣必須注意的問題

　　中國大陸銀行業營改增後，進項稅如何抵扣，是銀行財務人員的一個重大課題。哪些發票能抵扣？能抵扣多少？什麼時間內可以抵扣？這些都是財務人員必須瞭解的。

　　首先必須明確的是，不是所有的進項稅都可以抵扣。目前經營貴金屬業務的銀行，能抵扣的進項限定於貴金屬購入的進項稅，營改增後則情況有所不同。

　　1. 用於員工福利的進項稅不能抵扣

　　用於員工福利而購進的商品，例如各項運動健身設施、福利食品等，進項稅不得抵扣。銀行為員工購進的工作服是否屬於福利費，在稅務認定上是有過爭論的。在2011年以前，稅務機關將企業發放給員工的價值比較高的服裝，認定為與生產經營無關的福利性支出，所得稅上做為福利費納入14%的額度，增值稅上則是不予抵扣。2011年中國國稅總局34號公告則規定：「企業根據其工作性質和特點，由企業統一製作並要求員工工作時統一著裝所發生的工作服飾費用，可以做為企業合理的支出給予稅前扣除。」即所得稅上做為一項常規的經營支出列支，而不是做為福利費列支。實務中，對員工工作服飾費用的增值稅進項稅抵扣，仍須諮詢主管稅務機關的意見。

　　2. 接受的旅客運輸服務進項稅不得抵扣

　　雖然營改增的第一步是從交通運輸業開始，但也明確「接受的旅客運輸服務」進項稅不得抵扣，所以銀行取得的機票、火車票、汽車票等員工差旅支出的進項稅，是不能抵扣的。銀行租入汽車用於員工上下班，屬於員工福利，進項稅不得抵扣；如果用於經營活動，例如跑客戶，則不屬於福利費，其進項稅可以抵扣。如果只是租入汽車，不含司機服務的，屬於「有形動產租賃」，出租公司應開具17%

稅率發票，銀行可按上述原則抵扣進項稅；如果不僅租入汽車，出租公司同時配備司機，則屬於「交通運輸業」，出租公司應開11%稅率的發票，銀行不得抵扣進項稅。

3. 用於非增值稅項目、免徵增值稅項目的進項稅不得抵扣

營改增後，銀行並非所有的收入都屬於增值稅應稅收入，有不徵增值稅的，例如銀行自身的存款利息收入；有免徵增值稅的，例如同業往來利息收入（是否免稅，以最終營改增政策而定）。銀行取得的進項稅，必須先判斷該進項服務屬於哪項收入，如果明確是服務於非應稅或免徵增值稅收入的，其進項稅不得抵扣；如果明確是完全服務於應稅收入的，則進項稅可以全額抵扣；如果分不清的，則須在應稅收入和非應稅收入間分攤，分攤按月計算，年終的時候按年度數據清算。

4. 開票方和收款方不一致的，進項稅不得抵扣

中國國稅發[1995]192號文規定：「納稅人購進貨物或應稅勞務，支付運輸費用，所支付款項的單位，必須與開具抵扣憑證的銷貨單位、提供勞務的單位一致，才能夠申報抵扣進項稅額，否則不予抵扣。」企業實際經營中，代收代付款項或多方債務重組的情況非常普遍，在繳納營業稅時，稅務機關對此並沒有嚴格規範，但繳納增值稅時則嚴格控制「金流」與「票流」一致。

銀行在計算可抵扣的進項稅金時，除關注以上不可抵扣金額外，還有幾點須注意。

5. 根據財稅[2012]15號文的規定，企業初次購買金稅卡、IC卡、讀卡器和金稅盤或報稅盤等稅控設備，每年取得的稅控設備技術維護費，可以按照票面價稅合計金額抵扣增值稅應納稅額。

6. 向小規模納稅人採購時，可以要求對方到稅務機關代開3%稅率的增值稅專用發票，銀行可用於抵扣。

7. 增值稅專用發票從開票日起180天內可申請抵扣，超過這個時間雖然也可以抵扣，但須滿足比較嚴苛的條件。

【99】中國涉外利息收入納稅分析

NRA的利息收入屬於中國大陸境內所得，按規定大陸銀行須按10%稅率代扣代繳企業所得稅。

NRA帳戶（Non-Resident Account）顧名思義，就是大陸境外機構在大陸當地銀行開立的銀行帳戶，它其實和中國保稅區或物流園區的「境內關外」概念相同，即帳戶開在大陸境內銀行，但卻是以大陸境外的外匯思維進行管理。大陸官方在2009年9月起就開辦NRA帳戶，至今台商NRA開戶比例仍不高。

NRA帳戶一開始只能存入外幣，但後來隨著大陸官方推動人民幣跨境業務，目前NRA帳戶也能往來人民幣資金。

中國外匯局為防境外人民幣資金透過NRA帳戶進入中國套利，規定NRA帳戶中的人民幣資金只能進行活期存款，但外幣資金就可以定期存款。按照中國營業稅法規定，利息收入的徵稅部分，僅包含將資金貸與他人使用，由於境外公司存放在NRA帳戶中的資金不屬於貸與他人行為，所以NRA帳戶取得的利息收入屬於存款利息收入，不用繳納營業稅及其他附加稅。

由於NRA帳戶中資金的利息收入屬於來源於大陸境內所得，所以按規定，大陸銀行須按10%稅率代扣代繳境外公司的企業所得稅。

如果境外公司將NRA帳戶中的資金透過外債直接借貸給大陸境內外商投資企業，或是為大陸境內企業代付境外採購款，這些都屬於將資金貸與他人使用所收取的利息收入，除了須按5%代扣代繳營業稅及附加稅外，借款的大陸端企業還須按10%稅率代扣代繳境外公司的企業所得稅。

如果借款合同中，約定由借款的大陸端公司承擔利息收入所衍生的稅款，則大陸端企業不能直接按照合同約定的利息收入代扣代繳

稅款，而是應將合同約定的利息收入，通過計算得出的稅前利息收入
〔稅前利息收入＝合同約定的利息收入／（1－5％－10％），不考慮
營業稅的附加稅〕，由大陸端借款公司按稅前利息收入的5％和10％
分別代扣代繳營業稅和企業所得稅。

目前NRA帳戶僅接受境外法人主體開戶，不接受境外自然人開
戶，臺灣個人僅能與大陸居民一樣，在大陸境內開立存款帳戶，根據
財稅[2008]132號文《財政部、國家稅務總局印發關於儲蓄存款利息
所得有關個人所得稅政策的通知》，自2008年10月9日起，對儲蓄存
款利息所得暫免徵收個人所得稅，臺灣個人在大陸銀行取得的存款利
息收入，無須繳納個人所得稅和營業稅及附加稅。

【100】中國台商投資滬港通稅務分析

中國大陸台商要透過「滬港通」投資港股，必須先在「中國證券登記結算有限責任公司」開立帳戶，但購買香港股票後，大陸台資企業無法直接體現在香港上市公司的股東名冊中，而是通過「中國證券登記結算有限責任公司」間接享有香港股票的實際權益。

大陸台商投資港股，同時涉及香港和大陸兩地納稅的問題，中國財政部、國家稅務總局、證監會聯合頒布了財稅81號文《關於滬港股票市場交易互聯互通機制試點有關稅收政策的通知》，對在中國設立的法人投資港股相關稅費進行規定。

一、營業稅及附加稅費

（一）香港

大陸台商投資香港股票所取得的股息紅利所得、轉讓差價所得，在香港無須繳納營業稅。

（二）中國

1. 股票轉讓差價所得

投資股票轉讓差價所得在中國大陸屬於營業稅稅目「金融保險業」，因此，大陸台商投資香港股票取得的轉讓差價所得，須在中國繳納營業稅，應納營業稅額＝（每股賣出價－每股買入價）× 出售數量×5%。

大陸台商投資香港股票所取得的轉讓差價所得，在中國還須繳納營業稅附加稅費，其中包括城建稅、教育費附加、地方教育費附加等附加稅費，而且營業稅附加稅費各地稅率略有差異，以上海市區註冊的企業為例，上述附加稅費率之和為13%，應納營業稅附加稅費＝應納營業稅額×附加稅費率之和。

2. 股息紅利所得

股息紅利所得不屬於營業稅稅目，所以大陸台商投資香港股票所取得的股息紅利所得，在大陸無須繳納營業稅。

二、企業所得稅

（一）股票轉讓差價所得

1. 香港

台商投資香港股票取得轉讓差價所得，在轉讓香港上市公司股票之前12個月內曾直接或間接持有25%以上股權的，台商在香港應按「轉讓差價所得×香港利得稅率」，繳納所得稅，但如果一直不足25%的比率，則台商在香港無須繳納所得稅。

2. 中國

台商投資香港取得的轉讓差價所得，在大陸須計入收入總額，依法徵收企業所得稅，須注意的是，之前在香港繳納的利得稅可在自行申報企業所得稅時抵免。

（二）股息紅利所得

1. 香港

香港上市公司按照註冊地可分類為註冊在大陸的H股、非註冊在大陸的非H股，台商投資香港H股公司取得股息紅利所得時，在香港無須繳納所得稅；若台商已連續持有H股滿12個月所取得的股息紅利所得，在中國免徵企業所得稅；反之，若未滿12個月取得的股息紅利所得，在中國須計入收入總額，依法計徵企業所得稅。

台商投資香港非H股公司取得股息紅利所得時，若台商持有香港公司股權25%以上，台商在香港須按「股息紅利所得×5%」繳納所得稅，持股不超過25%比率時，則所得稅率降為10%。

2. 中國

台商取得投資香港非H股公司的股息紅利所得時，在大陸須計入其收入總額，依法計徵企業所得稅，之前在香港已代扣代繳的股息紅利所得稅，可在自行申報企業所得稅時抵免。

三、印花稅

香港稅法規定，購買股票印花稅按交易雙邊徵收，稅率為交易金額的0.1%，所以台商無論是購買香港股票還是轉讓香港股票，皆須按交易金額的0.1%繳納印花稅。另外，若台商通過滬港通繼承、贈與香港股票，也須繳納印花稅。

中國外資銀行跨境業務：涉外授信‧跨境擔保‧上海自貿區

2015年2月初版　　　　　　　　　　　　　　　　　定價：新臺幣320元
有著作權‧翻印必究.
Printed in Taiwan

	著　　　者	富蘭德林證券
		股份有限公司
	發 行 人	林　載　爵

出　版　者	聯經出版事業股份有限公司	叢書主編	鄒　恆　月
地　　　址	台北市基隆路一段180號4樓	特約編輯	鄭　秀　娟
編輯部地址	台北市基隆路一段180號4樓	封面設計	富蘭德林證券
叢書主編電話	(02)87876242轉223		股份有限公司
台北聯經書房：台北市新生南路三段94號		內文排版	陳　玫　稜
電　　　話：(02)23620308			
台中分公司：台中市北區崇德路一段198號			
暨門市電話：(04)22312023			
台中電子信箱　e-mail：linking2@ms42.hinet.net			
郵政劃撥帳戶第0100559-3號			
郵撥電話：(02)23620308			
印　刷　者 世和印製企業有限公司			
總　經　銷 聯合發行股份有限公司			
發　行　所：新北市新店區寶橋路235巷6弄6號2樓			
電　　　話：(02)29178022			

行政院新聞局出版事業登記證局版臺業字第0130號

本書如有缺頁，破損，倒裝請寄回聯經忠孝門市更換。　　ISBN　978-957-08-4513-6 (軟精裝)
聯經網址：www.linkingbooks.com.tw
電子信箱：linking@udngroup.com

國家圖書館出版品預行編目資料

中國外資銀行跨境業務：涉外授信‧跨境擔保‧

上海自貿區/富蘭德林證券股份有限公司著. 初版.

臺北市. 聯經. 2015年2月（民104年）. 264面.

14.8×21公分

ISBN 978-957-08-4513-6（軟精裝）

1.外商銀行 2.中國

562.54   103026918